Herausgegeben vom
Freien Russisch-Deutschen Institut für Publizistik der
Staatlichen Lomonossow-Universität Moskau
im Zusammenwirken mit der Fakultät für Journalistik der
Staatlichen Lomonossow-Universität Moskau
Свободный Российско–Германский Институт публицистики
МГУ им.М.В.Ломоносова
Факультет журналистики МГУ им.М.В.Ломоносова

Neue Technologien und die Entwicklung der Medien in Rußland und Deutschland

Новые технологии и развитие СМИ в России и Германии

Materialien zum 1. FRDIP-Symposium am 22. Oktober 1997 in Moskau
Материалы конференции 22. 10. 1997, Москва

Redaktionelle Bearbeitung: / Под редакцией:

Dr. Galina Woronenkowa,
Russische Direktorin des Freien Russisch-Deutschen Instituts für Publizistik der Staatlichen Lomonossow-Universität Moskau (Russische Fassung)
Prof. Dietrich Ratzke,
Deutscher Direktor des Freien Russisch-Deutschen Instituts für Publizistik der Staatlichen Lomonossow-Universität Moskau (Deutsche Fassung)

Freies Russisch-Deutsches Institut für Publizistik
Свободный Российско–Германский Институт публицистики

Band 1

Neue Technologien und die Entwicklung der Medien in Rußland und Deutschland

---

Новые технологии и развитие СМИ в России и Германии

Юрген Вильке
Галина Вороненкова
Елена Вартанова
Маттиас Кляйнерт
Валтер Кайсер
Александр Колчин
Борис Лозовский
Виктор Монахов
Дитрих Ратцке
Гюнтер Рагер
Михаил Суров
Алексей Турбин
Эрнст Йорг фон Штуднитц

Walter Kaiser
Alexander Koltschin
Boris Losowskij
Viktor Monachov
Dietrich Ratzke
Matthias Kleinert
Günter Rager
Ernst Jörg von Studnitz
Michail Surov
Alexej Turbin
Galina Woronenkowa
Jürgen Wilke
Helene Wartanowa

Institut für Medienentwicklung und Kommunikation GmbH
in der Verlagsgruppe Frankfurter Allgemeine Zeitung GmbH

IMK

Die Deutsche Bibliothek – CIP-Einheitsaufnahme

Neue Technologien und die Entwicklung der Medien in Rußland und Deutschland /
Institut für Medienentwicklung und Kommunikation GmbH in der Verlagsgruppe
Frankfurter Allgemeine Zeitung GmbH. – Frankfurt am Main: IMK, 1998
(Freies Russisch-Deutsches Institut für Publizistik; Bd.1)
Parallelt.: Novye technologii i razvitie SMI v Rosii i Germanii
ISBN 3-927282-73-1

Mainzer Landstraße 195, 60326 Frankfurt am Main

Vervielfältigung: Jetprint Druck- und Vertriebs-GmbH, Dreieich

Printed in Germany

ISBN 3-927282-73-1

Inhaltsverzeichnis

Anhang

*Ernst Jörg von Studnitz**

Eröffnung des Symposiums

Sehr verehrte Frau Woronenkowa,
sehr geehrter Herr Ratzke,
meine sehr geehrten Damen und Herren!

Ich möchte Sie heute hier als Botschafter der Bundesrepublik Deutschland nicht nur begrüßen, sondern möchte Sie auch beglückwünschen zu diesem Festtag des dritten Geburtstages Ihres Instituts - des Freien Russisch-Deutschen Instituts für Publizistik.

Das ist ein großartiges Ereignis. Man kommt in Rußland immer noch nicht aus dem Staunen heraus, und ich glaube, wir sollten das Staunen über die vielen Dinge, die neu und ungewohnt sind, im Vergleich zu den Erfahrungen, die Gäste Ihres Landes früher in dieser Weise machen könnten, auch nicht verlieren.

Ich habe heute morgen gleich wieder gestaunt, als ich in dieses Haus hineinkam. Da stand kein Milizionär, da fragte niemand nach meinem "Propusk", ich ging einfach hinein, so wie es in jedem Land bei uns üblich ist, wenn man in eine Universität hineingeht. Es ist ein Haus der Universitas, ein Haus für alle. Und so ist dieses Haus mittlerweile auch geworden, ein solcher offener Geist weht auch hier in Ihrem Institut der freien Publizistik. Und ich kann Sie heute nur beglückwünschen, das Sie mittlerweile schon drei Jahre diese verdienstvolle Arbeit gemeinsam sich erringen.

Es sind hier bereits, wie wir gehört haben, Absolventen des Seminars, die ins Berufsleben hinausgetreten sind. Ich wünsche Ihnen allen, das Sie von diesem Geist der Freiheit, den Sie an diesem Institut hier erleben und vermittelt bekommen, vieles mit hinaustragen in Ihr Berufsleben und sich bewahren. Freiheit im Geiste und Freiheit auch in der Unabhängigkeit, in dem was Sie schreiben und in dem was Sie sagen. Dieses ist Ihr Beitrag, den Sie schon leisten oder noch erbringen werden - das gilt sowohl für die Studenten, als

---

Dr.; Botschafter der Bundesrepublik Deutschland in Rußland

auch für die Absolventen - für Ihre Gesellschaft, in der Sie leben wollen und arbeiten sollen - auch im nächsten Jahrhundert, an dessen Beginn wir ja fast heute schon stehen.

Ihren Lehrern, die Ihnen das an Freiheit, Unabhängigkeit und Objektivität vermitteln wollen, was sie sich unter schweren Bedingungen selbst errungen haben, gilt Dank und Anerkennung. Das Freie Russisch-Deutsche Institut für Publizistik ist ein schönes Beispiel für erfolgreiche deutsch-russische Zusammenarbeit in der Ausbildung.

Ihr künftiges Berufsleben stellt viele neue Anforderungen an Sie, gerade unter dem weiter um sich greifenden Einfluß der Neuen Medien. Sie werden sich ständig prüfen müssen, ob das, was Sie mitgebracht haben, schon ausreicht. Sie werden erleben, das wird nicht so sein, sondern Sie werden Ihr ganzes Leben eigentlich Lernende bleiben müssen. Wenn Sie sich diesen Impuls, immer weiter lernen zu müssen, aus Ihrem Institut, das heute drei Jahre alt wird, ins Leben hineingehen - ich glaube, dann erfüllt sich das, was wir alle hier als Ergebnis Ihrer Studien erleben können.

Rußland und Deutschland, das zeichnet sich schon lange ab, werden in Zukunft immer enger zusammenarbeiten müssen. Die Zeit, in der in Ost und West unterschiedliche Probleme unterschiedlich gelöst werden mußte, neigt sich dem Ende zu. Die Aufgaben, die unsere beide Ländern, also auch Sie hier im Saal, in Zukunft bewältigen müssen, werden sich immer ähnlicher. Hier wie dort reicht eine einmalige Ausbildung nicht mehr für ein ganzes Berufsleben, hier wie dort brauchen wir Innovationen und Kreativität, hier wie dort werden wir mit den Folgen von Problemen konfrontiert, die wieder nur in unserem jeweiligen Land entstanden sind, noch dort allein gelöst werden können.

Wer zusammenarbeiten will und muß, der muß sich auch kennenlernen, der muß wissen, wie der andere denkt und wie er arbeitet. Deshalb fördert Deutschland umfangreich Jahr für Jahr Auslandsaufenthalte junger Russen, die zu einem Studium für einen längeren oder kürzeren Zeitraum unser Land besuchen. Der Deutsche Akademische Austauschdienst ermöglichte im vergangenen Jahr insgesamt über 500 Studienaufenthalte für russische Studenten, Graduierte und Dozenten aller Fachrichtungen. Darunter sind Spezialprogramme für Germanisten, für Juristen und Wirtschaftswissenschaftler wie beispielsweise der von der Deutschen Wirtschaft gestiftete Rußlandfonds, der allein jedes Jahr bis zu 100 russische Studenten für 12 Monate nach Deutschland einlädt. Noch einmal 500 Studenten und Graduierte erhalten über die Austauschprogramme von Partneruniversitäten die Möglichkeit zu einem Deutschlandaufenthalt. Das sind insgesamt jährlich 1000 Botschafter Rußlands, die Ihr Land bei uns vertreten und kennenlernen. Wenn sie zurückkehren, dann haben sie in vielen Fällen Freunde in Deutschland gefunden und sind bei ihrer Rückkehr auch Botschafter unseres Landes geworden, lebendige Brücken, die das gegenseitige Verständnis vertiefen, die Sympathie für beide Länder Vertrauen in beide Länder haben. Ich wünsche mir, daß ebenso viele junge Deutsche Ihr Land kennen- und liebenlernen.

Lassen Sie sich für die heutige Tagung, für die weitere Vervollkommnung Ihrer Arbeit an diesem Institut und für ein gutes, erfolgreiches Wirken in dem von Ihnen gewählten Beruf alles Gute wünschen.

Herzlichen Glückwunsch und heute ein gutes Gelingen Ihrer Tagung!

Übersetzung aus dem Deutschen ins Russische:
Tatjana Dotsenko, Dipl.-Dolmetscherin

*Д-р Эрнст Йорг фон Штудниц**

Приветствие

Глубокоуважаемая госпожа Вороненкова!
Глубокоуважаемый господин Ратцке!
Уважаемые дамы и господа!

Я, посол Федеративной Республики Германии, хотел бы сегодня не только поприветствовать вас, но и поздравить с этим праздником - третьей годовщиной вашего института - Свободного Российско - Германского института публицистики.

Это - очень важное событие. Приезжая в Россию, не перестаешь удивляться и, думаю, нам не следует переставать удивляться многим вещам - новым и необычным в сравнении с тем опытом, который приобретали ранее гости вашей страны. Сегодня утром я опять был удивлен, войдя в это здание. У входа не было милиционера, у меня никто не спросил пропуск, я просто вошел - так же, как в любой другой стране входят в университет. Это действительно университет - дом для всех. И ваш университет тоже стал таким. Дух открытости и свободы царит в вашем Свободном институте публицистики. И сегодня я могу поздравить вас с тем, что вот уже три года вы совместно ведете работу, заслуживающую уважения.

Как мы слышали, здесь присутствуют и выпускники, вступившие в профессиональную жизнь. Я желаю вам всем привнести в свою профессию и сохранить тот дух свободы, который вы впитали во время обучения в Институте. Свобода духа, свобода вообще и независимость в том, что вы пишете и что говорите, - ваш вклад в то, что вы уже сделали или вам предстоит сделать, и касается это не только студентов, но и выпускников. Это важно для общества, в котором вы хотите жить и вам

* Посол Федеративной Республики Германия в России

придется работать и в следующем столетии, на пороге которого мы стоим уже сегодня.
Благодарность и признательность следует выразить вашим преподавателям, которые передают вам знания о свободе, независимости и объективности, которые они сами приобрели в непростых условиях. Свободный Российско-Германский институт публицистики является прекрасным примером успешного германо-российского сотрудничества в области образования.

В условиях возрастающего влияния новых средств массовой информации ваша профессиональная деятельность предъявит вам много новых требований. Вам постоянно придется проверять, достаточно ли того, что вы уже приобрели. Вы не будете явно этого понимать, но всю жизнь будете ощущать себя в чем-то учениками. И если этот порыв - постоянно учиться - вы вынесете в жизнь из вашего института, которому сегодня исполняется три года, уверен, наши ожидания от вашего обучения оправдаются.

Уже давно намечается тесное сотрудничество между Россией и Германией в будущем. Постепенно заканчивается время, когда разные проблемы, существующие на Востоке и Западе, приходилось решать по-разному Задачи, которые предстоит решать в будущем нашим странам, в том числе и сидящим здесь в этом зале, будут все больше сближаться

Те, кто хотят и кому придется сотрудничать, должны прежде познакомиться друг с другом, должны знать, как мыслит другой и как он работает. Поэтому Германия из года в год усиливает свою поддержку молодых россиян, которые приезжают в нашу страну для обучения - на длительные или короткие сроки. В прошлом году благодаря Германской службе академических обменов (ДААД) стажировку проходило 500 российских студентов, дипломированных специалистов и специалистов высшей квалификации с учеными степенями из различных областей знаний. Существуют специализированные программы для германистов, юристов, дипломированных экономистов. Например только Российский фонд, учрежденный союзом Немецкой экономики (Дойче Виртшафт), ежегодно приглашает на обучение в Германию до 100 российских студентов сроком на 12 месяцев. Еще 500 студентов и дипломированных специалистов имеют возможность посетить Германию по программам обмена между университетами-партнерами. Всего за год в Германию приезжает до 1000 посланников из России, которые представляют нас вашу страну и знакомятся с нашей страной. В Германии они находят много друзей и, возвращаясь домой, становятся посланниками нашей страны и живыми „мостиками“, которые углубляют взаимопонимание, внушают симпатию к обеим странам и распространяют доверие к обеим странам. Хотелось бы, чтобы также много молодых немцев узнали и полюбили вашу страну. Разрешите пожелать вам успешных результатов на сегодняшней конференции, дальнейшего совершенствования вашей работы в этом институте, а также всего доброго в выбранной вами профессии.

Примите сердечные поздравления с сегодняшним праздником и пожелания успехов вашему симпозиуму.

Перевод с немецкого языка Татьяны Доценко
Uebersetzung aus dem Deutschen ins Russische:
Tatjana Dotsenko, Dipl.- Dolmetscherin

*Galina Woronenkowa**

Grußwort der russischen Direktorin des FRDIP

Exzellenz !
Sehr geehrte Damen und Herren!
Liebe Kollegen!

Vor drei Jahren wurde das Wirklichkeit, was eine neue Seite in der Geschichte der russisch-deutschen Beziehungen eröffnete: am 18. Oktober 1994 wurde das Freie Russisch-Deutsche Institut für Publizistik ins Leben gerufen. Das Institut begann seine Tätigkeit innerhalb der besten und ersten Universität Rußlands - der Moskauer Lomonossow-Universität.

In seinem Grußwort vor zukünftigen Studenten des Instituts sagte der damalige deutsche Botschafter in Moskau, Seine Exzellenz Dr. Otto von der Gablentz: „Die Demokratie gewinnt in den Staaten an Stärke, wo sie von verantwortungsvollen und professionellen Journalisten unterstützt wird". Und daran wollen wir mitwirken. In den vergangenen drei Jahren, während ein Neugeborenes zu einem Baby werden konnte, legten wir einen langen Weg zurück. Heutzutage stehen wir nicht nur fest auf eigenen Beinen und wir bilden nicht nur eine neue Journalistengeneration nach europäischem Muster aus: wir wurden zur einzigen freien und nach ihrem Inhalt völlig neuen Lehranstalt, die im ex-kommunistischen Raum ihren Sitz hat, wir sind eine Institution von hohem Ansehen in der westlichen demokratischen Welt - nicht nur in Deutschland, sondern in ganz Europa. Davon zeugt unter anderem die Tatsache, daß sich das im großen und ganzen negative Rußlandbild in westlichen Medien auf unser Institut nicht bezieht: das FRDIP bekommt vorwiegend positive Pressebeurteilungen.

Drei Viertel unserer Vorlesungen werden von deutschen oder europäischen Professoren gehalten. Einige Vertreter unserer Gesellschaft halten dies für nicht patriotisch. Sie vergessen wohl, daß bei der Gründung der Moskauer Universität im Jahre 1755 gerade die deutschen Professoren als erste auf das Katheder traten. Damals war dies jedoch die objektive Notwendigkeit. Heute

---

* *Univ.-Doz. Dr. Galina Woronenkowa, Journalistische Fakultät der Lomonossow-Universität, Moskau. Russische Direktorin des FRDIP*

besteht eine Notwendigkeit anderer Art: wir wollten uns von der Politisierung und Ideologisierung der journalistischen Ausbildung befreien. Und dabei haben uns führende Lektoren aus verschiedenen deutschen Universitäten - in der ersten Reihe aus unseren Partner-Universitäten geholfen. Das sind vor allem das Institut für Journalistik der Universität Dortmund, das Institut für Publizistik der Mainzer Universität und das Institut für Publizistik der Universität Münster. Zudem haben uns praktizierende Journalisten der wichtigsten und bekanntesten deutschen Medien geholfen, und sie helfen uns immer noch. Von Anfang an haben die Bundesregierung, das Bundespresseamt, die Deutsche Botschaft in Moskau, die Frankfurter Allgemeine Zeitung, die Deutsche Welle, die Deutsche Presse Agentur, die Konrad-Adenauer-Stiftung, die Hanns-Seidel-Stiftung, die Firma Nestlé AG.und andere Institutionen und Medien uns wirksame Hilfe geleistet. Inzwischen hat sich der Kreis unserer Freunde und Förderer um wichtige Personen und Institutionen erweitert. Professor Ratzke wird darauf gleich noch eingehen.

Eine gute Hälfte unserer Studenten hat ein Praktikum in Deutschland durchgemacht - und das dank dem von Gräfin Alexandra Lambsdorf, dem ehemaligen deutschen Botschafter in Rußland, Dr. Andreas Maier-Landrut, und dem heutigen Geschäftsführer, Herrn Martin Hoffmann, geleiteten Deutsch-Russischen Forum. Wir haben die Möglichkeit, das zu erlernen, was für Studenten anderer Fakultäten für Journalistik und anderer Universitäten nicht zugänglich ist. Im Namen aller Studenten unseres Instituts möchte ich gerne meine tiefe Dankbarkeit allen Institutionen, Unternehmen und Persönlichkeiten zum Ausdruck bringen, die uns nicht nur unterstützten und unterstützen, sondern auch die Möglichkeit bieten, eine neue Generation von Journalisten für ein demokratisches Rußland auszubilden.

Nur recht unkluge Menschen können heutzutage die gesellschaftliche Rolle der Medien für die Entwicklung des Images eines Landes ignorieren. Wir haben es uns als erstrangiges Ziel gesetzt, nicht nur auf deutsche oder europäische Weise vorbereitete Journalisten, die sowie europäische Methodik sowie mehrere Fremdsprachen (oder wenigstens eine - die deutsche -) beherrschen, sondern Deutschland-Experten zu erziehen, die bei der Vertiefung der Russisch-Deutschen Beziehungen auf aktive Weise mitwirken, sie vertiefen und zu einem positiven Image beider Staaten beitragen können.

Manches ist uns bereits in diesem Sinne gelungen. Viele unserer Studenten, vor allem diejenigen, die kurz vor dem Abschluß ihres Studiums stehen, konnten in der deutschen Presse innerhalb von anderthalb Monaten zwischen 12 und 15 Artikel veröffentlichen. Ich bin davon überzeugt, daß auch dieses ein Zeugnis unseres Erfolgs ist, denn nach den ersten Praktikumreisen brachten unsere Studenten nicht mehr als zwei Publikationen mit.

Unsere Studenten sind Vertreter einer neuen Generation von Journalisten, und das in jedem Sinne. Sie können nicht und werden es nie schaffen, in Massenmedien alter Art zu arbeiten, wo man nur nach "Sozialbestellung" agiert. Sie werden (hoffentlich) nie nach staatlichen Subventionen suchen, da sie die wirtschaftlichen Grundlagen der Medien am deutsche Beispiel kennen gelernt haben. Das sind neue, freie Menschen, die recht gut wissen, was sie von diesem Leben wollen. Auf dem gestrigen Treffen des Kuratoriums haben viele ihren Wunsch ausgedrückt, gute professionelle Journalisten werden zu wollen. Ist das nicht hervorragend ?

Im Laufe von diesen drei Jahren haben wir drei Hochzeiten unserer Kommilitonen gefeiert, ein Kind wurde geboren. Das bedeutet, daß das Leben weitergeht, daß neue Bürger vom neuen Rußland zur Welt kommen. In diesen Jahren ging jedoch auch das Unglück nicht an unseren Türen vorbei. Vielen steht noch in Erinnerung, wie wir bei der Eröffnung unseres Instituts am 17.Oktober 1994 das Andenken des am Vorabend ermordeten Korrespondenten der Zeitung "Moskowskij Komsomolez", Dmitrij Cholodov, ehrten. Leider muß ich auch heute, wenn unser Institut gerade drei Jahre jung ist, mit Ihnen, meine Damen und Herren, eine traurige Nachricht teilen. Wir haben in dieser Zeit eine Kollegin und einen Kollegen verloren. Kurz nach der FRDIP - Gründung ist Herr Professor Winfried Lerg gestorben. Am 20. Juni 1997 kam die 22jährige Studentin unseres Instituts, Inessa Dontschenko, ums Leben. Das geschah einen Monat nach der Promovierung ihrer Diplomarbeit an der Fakultät für Journalistik und gerade an dem Tag, als sie für das weitere Studium an der Doktorantur empfohlen worden war. Sie war unsere Hoffnung. Dieses fragile, hübsche und talentierte Mädchen wurde vom Auto, das ein betrunkener Fähnrich des Innenministeriums fuhr, tödlich verletzt. Jetzt nehmen wir am Gerichtsverfahren teil, um zu begreifen, in welch einem Staat wir leben und wofür wir uns ferner einsetzen müssen. Es steht außerhalb meines Wissens, zu welchem Schluß dieses Gerichtsverfahren kommen wird, es steht ferner nicht fest, daß der Täter, auch wenn seine Schuld bewiesen wird, nach den Gesetzen eines demokratischen Rechtsstaates verurteilt wird. Wir sind nur überzeugt, daß wir Hochzeiten und Geburten von Kindern feiern, und nicht Abschied von unseren Kindern nehmen wollen. Ich bitte Sie, meine Damen und Herren, um eine Gedenkminute für Herrn Professor Winfried Lerg und Inessa Dontschenko. Danke.

Es war keinesfalls mein Anliegen, meine kurze Rede in solch trauriger Stimmung zum Schluß zu bringen. Recht herzlich möchte ich mich bei allen bedanken, die unserer Einladung gefolgt sind, in dem sie dringende Angelegenheiten beiseite geschoben haben, um gemeinsam über das Schicksal und die Weiterentwicklung der Medien in unseren Staaten nachzudenken - in unseren Staaten, in Rußland und in Deutschland, die sowohl in historischer Hinsicht als auch in Zukunft miteinander eng verbunden sein werden.

*Г. Ф. Вороненкова**

Приветствие

Ваше Превосходительство Посол Федеративной Республики Германии в России!
Уважаемые дамы и господа!
Дорогие коллеги!

Три года назад свершилось событие, открывшее новую страницу в истории российско-германских отношений: 18 октября 1994 года создан Свободный Российско-Германский институт публицистики при первом университете России - МГУ имени М.В.Ломоносова. Поздравляя будущих студентов с открытием СвРГИП тогдашний Посол Федеративной Республики Германии в России господин Отто фон дер Габленц заявил: „*Демократия сильна в тех странах, где ее укрепляют ответственные, сильные журналисты*". И это так.

За эти 3 года, которые в человеческой жизни считаются младенческими, нашим институтом пройден большой путь. Мы не просто встали на ноги, мы не просто растим новое демократическое поколение журналистов европейского образца, и имеем четыре учебных курса, мы стали учебным заведением, базирующимся на территории бывшего коммунистического пространства. Мы стали учебным заведением, имеющим высокий авторитет в западном демократическом мире - и не только в Германии, но и во всей Европе. Об этом говорит хотя бы тот факт, что в целом негативный образ России в немецких СМИ, нас не касается: мы имеем хорошую прессу.

За эти годы 3/4 лекций у нас читают немецкие и европейские профессора. Некоторые представители нашего мультиполитичного общества считают это не патриотичным. Однако они забывают, что после создания Московского университета в 1755 году первые лекции читали именно немецкие профессора. Но тогда это была объективная

**Директор Свободного Российско-Германского института публицистики МГУ имени М.В.Ломоносова, кандидат филологических наук, доцент факультета журналистики МГУ.*

необходимость. Сегодня эта необходимость другая - мы хотели избавиться от политизации и идеологизации журналистского образования. И в этом нам помогли и помогают немецкие профессора из различных университетов Германии, в частности наши партнеры из Института журналистики Дортмундского университета, из институтов публицистики Майнцкого и Мюнстерского университетов. Нам также помогают журналисты-практики из очень известных немецких СМИ. С самого начала нас поддерживают Правительство Федеративной Республики, Федеральное ведомство печати и информации (БПА), Посольство Германии в России, газета *«Франкфуртер Альгемайне Цайтунг»*, ТРК «Немецкая волна», информационное агентство ДПА, общественные немецкие фонды им. Конрада Аденауэра и Ханнса Зайделя и др.

Половина студентов нашего института, благодаря Германо-Российскому форуму, возглавляемому графиней Александрой Ламбсдорф, г-ном д-ром Майер-Ландрутом, бывшим долгие годы Послом ФРГ в России, и исполнительным директором Мартином Хофманном, за эти годы проходила практику в средствах массовой информации Германии. Благодаря ДААД часть наших студентов успешно прошла или проходит обучение в университетах Германии - в Бонне и Майнце.

Наши студенты изучают то, что не доступно студентам других факультетов и отделений журналистики и, без преувеличения, других университетов. От имени студентов нашего института и от себя лично сердечно благодарю все институты, фирмы и людей, которые не просто нас поддерживали и поддерживают, но и дают нам возможность готовить новое поколение журналистов демократической России.

Только глупые, или очень глупые люди не понимают, какую роль играют СМИ в обществе для создания той или иной картины/ образа любой отдельно взятой страны. Мы поставили перед собой в качестве первой цели - готовить не просто европейски образованных журналистов, владеющих европейскими методиками и несколькими языками (или хотя бы одним, но свободно - немецким), а экспертов в области германистики, которые бы помогали развитию и углублению российско-германских отношений, способствовали бы их укреплению и созданию позитивного имиджа обеих стран.

Многое нам удалось. Если вы посмотрите дела наших студентов, особенно тех, кто пришел к финишу, то увидите, что ими опубликовано в немецкой прессе (на иностранном языке!) 12-15 публикаций за полтора месяца практики. Уверена, что это - наш успех, т.к. после первых практик наши студенты привозили по 1-2 публикации. И это еще одно доказательство тому, что студенты СвРГИП - новое поколение журналистов во многих смыслах. Они не могут и никогда не смогут работать в средствах массовой информации по-прежнему, т.е. выполнять социальный заказ, а также не будут требовать государственных дотаций, т.к. знают экономические основы СМИ, на которых базируется западная демократическая журналистика. Это - новые, свободные люди, к тому же знающие, что они хотят. Вчера, при встрече членов Попечительского совета со студентами, очень многие говорили: я хочу стать профессионально хорошим журналистом. Разве это не прекрасно?

За эти годы в нашем институте было три свадьбы, родился один ребенок, чем мы тоже гордимся. Значит - жизнь продолжается и рождаются новые журналисты новой России. Демократические. За эти годы нас не обошла и беда. Когда открывался институт, мы начинали наш праздник с почтения памяти убитого накануне, 17 октября 1994 года, журналиста „МК“ Дмитрия Холодова. К сожалению сегодня, в день празднования 3-х-летия нашего института, я должна Вам сказать горькую новость: за эти годы мы потеряли двоих: умер один из учредителей нашего института - профессор Винфрид Лерг - директор Института публицистики Мюнстерского университета. А 20 июня 1997 г. погибла наша 22-летняя студентка - Инесса Донченко. Это произошло через месяц после защиты диплома на факультете журналистики и в день, когда она была рекомендована в аспирантуру. Она была нашей надеждой. Эту хрупкую, красивую, очень талантливую девочку сбил пьяный прапорщик внутренних войск МВД. Сейчас мы участвуем в судебном процессе, чтобы понять, в каком же государстве мы живем и за что мы должны бороться. Не знаю, как закончится этот процесс, и более того не уверена, будет ли подсудимый осужден по законам **демократического правового** государства. Убеждена, что мы должны играть свадьбы и праздновать рождение детей, а не прощаться навсегда с нашими детьми.

Прошу Вас, уважаемые дамы и господа, почтить память г-на профессора Винфрида Лерга и Инессы Донченко минутой молчания. (Спасибо).

Мне не хочется заканчивать свое приветствие на столь грустной ноте. Хотела бы поблагодарить еще раз всех, кто откликнулся на наше приглашение, нашел время, отложил срочные дела и пришел поразмышлять о судьбе и развитии СМИ в наших странах, связанных историческими узами, - России и Германии.

Dietrich Ratzke[*]

Neue Technologien und die Entwicklung der Medien in Rußland und Deutschland

Einleitende Begrüßung

Exzellenz, Herr Dekan,
meine sehr verehrten Damen und Herren,
liebe Kommilitoninnen und Kommilitonen,

zum ersten Mal veranstaltet das Freie Russisch-Deutsche Institut für Publizistik an der Lomonossow-Universität, Moskau, ein internationales Symposium in Moskau, seiner Heimat. Als einige engagierte Menschen vor einigen Jahren die Idee von Galina Woronenkowa aufgriffen und das Freie Russisch-Deutsche Institut für Publizistik gründeten, war es ein Weg ins Ungewisse. Heute wissen wir es besser: das Freie Russisch-Deutsche Institut für Publizistik lebt, es gedeiht prächtig und es hat eine große Zukunft. Allen, die an der Arbeit bisher mitgewirkt haben und daran weiter mitwirken werden, weil sie um die Wichtigkeit einer derartigen Institution wissen, bereits an dieser Stelle meinen herzlichen Dank. Insbesondere schließe ich in meinen Dank Frau Dr. Galina Woronenkowa ein, die unermüdliche Streiterin für das Freie Russisch-Deutsche Institut für Publizistik, Herrn Professor Dr. Yassen Sassurski, der nach (verständlicher) anfänglicher Skepsis unser wichtiger Freund und Helfer geworden ist, die Kuratoren und der wissenschaftliche Beirat, alle sind heute persönlich anwesend (was die Wertschätzung beweist, die sie dem Freien Russisch-Deutschen Institut fürPublizistik entgegenbringen):
Herr A.S.Chernyshov, Tokobank, Herr Dr. Kaiser. DIHT, Herr Prof. Matthias Kleinert, Daimler Benz AG, Herr Wladimir Markow, RIA-Nowosti, Herr Univ.Prof. Dr. Rager, Universität Dortmund, Herr Dr. Richtberg, Deutsche Presse Agentur, Herr Prof. Dr. Sassurski, Lomonossow-Universität, Moskau, Herr W. Weidmann, Amerongen-Stiftung und Herr Univ.Prof .Dr. Wilke, Universität Mainz.

---

[*] *Honorarprofessor an der Journalistischen Fakultät der Lomonossow-Universität, Moskau. Deutscher Direktor des FRDIP*

Und mein Dank geht natürlich genauso intensiv an alle diejenigen in der Botschaft, in den Stiftungen, den Foren, den Universitäten und natürlich an die Studenten, ohne deren Mitwirkung das Freie Russisch-Deutsche Institut für Publizistik seinen Sinn verloren hätte, die aber hier nicht alle namentlich genannt werden können.

Und damit sind wir eigentlich schon bei dem Thema, das uns in den nächsten Tagen bewegen wird: mit atemberaubender Geschwindigkeit entwickeln sich neue Technologien, die unsere Medienwelt umwälzen. Mit doppelter Stärke wirken diese Umwälzungen dort, wo sich eine freie Medienwelt mit einer freien Marktwirtschaft paart. In Deutschland gibt es schon eine Reihe von Erfahrungen auf diesem Gebiet, gute und schlechte, wichtige und unwichtige. Wir wollen sie hier diskutieren. Gerade in einem Land wie Rußland mit seiner gewaltigen intellektuellen Potenz, mit seinem Hunger auf wahre Information, gerade in Rußland führt der Nachholbedarf zu einer großen Nachfrage auf diesem Gebiet. So versteht es sich von selbst, daß das erste FRDIP-Symposium sich dieses Themas annimmt.

Wir hier am FRDIP befassen uns in erster Linie mit der journalistischen Ausbildung. Von besonderer Bedeutung ist daher hier die Frage, welche aktuellen und zukünftigen Anforderungen an die publizistische Aus- und Fortbildung unter dem Aspekt der rapiden technischen Medien-Entwicklung zu stellen sind.

Anforderungen an die berufliche Qualifikation und somit an die Ausbildung sind generell bedingt durch die Eigenheit des durch die berufliche Tätigkeit herzustellenden Produktes oder Dienstleistung. Sie sind in hohem Maße also markt- und nachfrageabhängig. Das ist in den Medienmärkten genauso wie in jeder anderen Branche. Die Frage ist also: Wie sehen die Medienmärkte heute aus, wie werden sie sich verändern? Diese Frage ist zugleich die Frage nach der beruflichen Qualifizierung derjenigen, die in Medienmärkten arbeiten.

Die Medienwelt in der wir leben, hat sich in den vergangenen Jahren grundlegend verändert. Warum?

1. Die Medientechnik hat sich durchgreifend verändert. Das insbesondere durch die Mikroelektronik, die immer billigeren Datenspeicher und durch die neuen Kommunikationswege.

2. Die politischen und somit auch die medienpolitischen Voraussetzungen haben sich verändert:
der Abschied vom Kommunismus hat neue Wege für freie Information und Kommunikation eröffnet. In Deutschland wurde das duale Mediensystem entwickelt, das durchaus Modellcharakter auch für andere freie Länder haben kann.
3. Die Informationsnutzungsgewohnheiten haben sich verändert. Kinder wachsen mit den elektronischen Medien auf, die gedruckten Medien haben einen immer schwereren Stand. Neue Medien, schön anzusehen und leicht zu konsumieren, drängen auf die Märkte.

Das alles kann an der Arbeit derjenigen, die für die Medieninhalte zuständig sind, nicht spurlos vorübergehen: den Journalisten.

Es gibt kaum einen Berufsstand, der trotz äußerlicher Progressivität derartig stark den überkommenen Arbeitsweisen anhängt, wie es die Journalisten tun. Wer zum Beispiel ein elektronisches Redaktionssystem in die Redaktion einer deutschen Tageszeitung eingeführt hat, wie es meine Aufgabe bei der Frankfurter Allgemeinen Zeitung war, weiß davon ein Lied zu singen.

Auch heute noch möchte die überwiegende Zahl der älteren Journalisten am liebsten so weiter arbeiten, wie sie es seit je tun. Der Nachwuchs denkt da erfreulicherweise anders und greift begierig die neuen Arbeits- und somit auch Berufsmöglichkeiten auf. Er hat verstanden, daß die neuen Entwicklungen ihnen neue Chancen sichern.

Wie werden sich die Medien weiter entwickeln, welche beruflichen Anforderungen und Chancen werden sie bieten? Nach den bisherigen Erfahrungen ist zu erwarten, daß die Printmedien als intellektuelle Leitmedien ihre Funktion behalten werden. Lesen ist eben eine besondere Tätigkeit und sie wird es bleiben. Auch als Werbeträger sind gedruckte Medien nicht hinwegzudenken. Allerdings wird die Kalkulation immer schwieriger, da bestimmte Fixkosten nicht wegzurationalisieren sind. Das gilt insbesondere für den Vertrieb. Auch die Herstellung wird weiterhin teurer werden, denkt man allein an die zu erwartenden Preissteigerungen beim Papier. Das heißt: höhere Preise bei den gedruckten stehen weiterhin sinkenden Preisen bei den elektronischen Medien gegenüber. Der Markt für Print wird also schrumpfen, die Berufsmöglichkeiten in diesem Segment entsprechend. Eine klassische Aus- und Fortbildung, die sich an Printmedien allein orientiert, würde in eine Sackgasse führen.

Weiter im Aufwärtstrend bleiben die elektronischen Medien. Sie werden die eigentlichen Massenmedien von morgen sein. Sie erfüllen alle Anforderungen des Normalbürgers von morgen: kurze, aber anschauliche Information, viel Unterhaltung, geringe Kosten. Dort also wird die Mehrzahl der Journalisten arbeiten. Elektronische Medien, das heißt einerseits natürlich klassisches Fernsehen und klassischen Hörfunk, das meint andererseits aber auch die neue Formen der elektronischen Information, also die neuen elektronischen Text- und Bildmedien, die CD-ROM und ihre Nachfolgetechniken, das internet, die spezifischen Datenbankangebote. Und hier tut sich ein unglaublich weites und unerhört wichtiges Gebiet auf, auf das wir die Journalisten von heute auf morgen vorbereiten müssen.

Brauchen wir auch morgen noch Journalisten?

Es ist die Frage diskutiert worden, ob die neuen Medien, die Medien, in denen der Informationsablauf weitgehend elektronisch automatisiert ist, wie zum Beispiel bei den Datenbanken, überhaupt noch des Journalisten bedarf. Anläßlich einer Diskussion auf den Frankfurter Journalistentagen wurde - vor allem von Datenbankbetreibern - diese Frage schlicht aber deutlich verneint. Wir werden dieses Thema heute ja auch noch einmal aufgreifen. Natürlich waren die in Frankfurt anwesenden Journalisten durchweg der Ansicht, daß auch die neuen elektronischen (Text)medien Journalisten brauchen. Wer würde über seinen eigenen Berufsstand auch so rasch ein Todesurteil fällen wollen? Nur, die Journalisten von morgen müssen andere sein, als es die heutigen sind. Warum? Die Journalisten von morgen gehen mit einer anderen Art oder zumindest mit einem anderen Aggregatzustand von Information um, müssen also in jedem Fall eine andere Art der Auswahl, der Präsentation, der Sprache und der Formulierung wählen, um ihre Nutzer möglichst redundanzfrei zu erreichen.

Eines also wird bleiben: die Hauptaufgabe des Journalisten, Information so aufzubereiten, daß sie vom Adressaten ohne große Mühe zweckgerichtet verwenden kann. Er muß seinem Adressaten möglichst viel Arbeit abnehmen. Weniger wichtig wird es für die neuen Journalisten in den elektronischen Textmedien sein, zu kommentieren. Und das wäre gewiß ein Gewinn, wenn das ironische Wort vom "engagierten" Journalisten, der in der Recherche schwach aber stark im Kommentar ist, der Vergangenheit angehören würde.

Im Zuge der Veränderung der Medien muß sich also der Journalist selber in seiner Berufsauffassung verändern und somit auch seine Ausbildung verändern. Der Journalist sieht sich einer immer weite wachsenden Informationsmenge ausgesetzt. Hier geschickt auszuwählen wird immer wichtiger. Die Vorgänge und Ereignisse werden immer komplizierter und vielschichtiger. Er muß also mehr Allgemeinwissen haben, um Zusammenhänge zu erfassen. Er muß mehr über Medienwirkung wissen, die er selber ja auslöst. Der Druck der Interessentengruppen, in die Medien zu kommen, wird immer stärker, da konventionelle Werbemittel an Wirkung verlieren. Er muß sich also unsachgemäßen Einflüssen stärker gegenüber zur Wehr setzen, das heißt, er muß sie kennen und erkennen. Er muß seine Sprache besser beherrschen, da kompliziertere differenzierter ausgedrückt werden muß. Er muß stärkere technische Fähigkeiten erlernen, denn die Medien werden immer stärker technisiert. Er muß mehr über betriebswirtschaftliche Vorgänge wissen, denn seine Arbeit spielt sich immer weniger im gebührenfinanzierten Medium ab, sondern unter dem Druck ökonomischer Prämissen. Daß es nicht schaden kann, auch mehr über juristische Zusammenhänge zu wissen, sagt derjenige, der weiß, wie schnell juristische Waffen gegen den Journalisten eingesetzt werden, um ihn mundtot zu machen.

Eine Zeitlang glaubte man, ein Journalist sei ein Journalist und ein guter Journalist sei eigentlich ein Allroundtalent, das heute Fernsehen, morgen Zeitung und übermorgen Teletexte machen könne, daß er also multimedial arbeiten könne. Viele Zeitungshäuser haben dieses Experiment versucht, haben Redakteure, die das gedruckte Metier perfekt beherrschen, in die elektronischen Medien versetzt. Das hat nicht geklappt. Die unterschiedlichen medialen Präsentationsformen weichen so stark voneinander ab, daß es den Redakteur, der heute in einem elektronischen Medium, morgen gleich gut in einem gedruckten und übermorgen in einem ganz andere neuen Medium arbeiten kann, nicht gibt. Für die Ausbildung gilt daher, daß auch morgen die Redakteure je nach Aufgabe unterschiedlich und zwar medienspezifisch ausgebildet sein müssen.

Überall aber wird zu wenig Gewicht auf Ausbildung oder -schulung für die neuen journalistischen Berufe gelegt. Derartige neue Berufe sind zum Beispiel: der Teletextredakteur, der Datenbankredakteur, der technische Redakteur, der Dokumentationsredakteur, der Rechercheur, der Redaktionsmana- ger, der Produktionsredakteur, der Redakteur für redaktionelles Marketing. Hier bieten sich ganz erhebliche Berufschancen und dadurch ganz erhebliche Profilierungsmöglichkeiten für neue, progressive Ausbildungsinstitutionen.

Letztlich aber wird heute wie morgen die Persönlichkeit und das möglichst weitgefaßte Grundwissen, verbunden mit einer sauberen handwerklichen Arbeit über die Qualität des Journalisten entscheiden.

Sie sehen, ich gehe gedanklich davon aus, das ein Journalist universell, das heißt möglichst universitär ausgebildet sein sollte. Diese Forderung wird immer wichtiger, je besser auch das breite Publikum ausgebildet ist. Sie wird auch um so dringlicher, je stärker der Konkurrenzkampf auf den Märkten tobt mit allen seinen Verlockungen zum schlechteren, zum Radaujournalismus. Dabei aber muß stets im Auge behalten werden, daß Journalismus ein freier Beruf ist und unbedingt bleiben muß. Nur die Zugangsmöglichkeit für jedermann kann das Postulat nach Meinungsfreiheit erfüllen.

Journalistische **Fort**bildung in Deutschland: ein Thema besonderer Qualität. Denn sie findet in konsequenter Weise bisher nur in Ansätzen statt. Fortbildung ist im Journalismus nach wie vor der Initiative des einzelnen überlassen. Einige Verlage und Anstalten unterstützen das, andere tun gar nichts. Und dabei wäre es gerade für Journalisten so wichtig, sich stets auf die neuesten wissenschaftlichen und praktischen Erfahrungen stützen zu können. Hier spielt natürlich der Standpunkt des Journalisten eine Rolle, er wisse sowieso alles und brauche daher keine Weiterbildung. Hier spielt aber auch die unglaubliche Arbeitsbelastung des Journalisten eine Rolle und auch die Zurückhaltung der Verlage, ihre Mitarbeiter freizustellen. Gesetzlich zustehender Bildungsurlaub wird von den Journalisten zumindest in den privaten Medien nur zögernd, wenn überhaupt, genommen. Das erinnert ein wenig an Japan, wo es sich nicht schickt, den Jahresurlaub, der einem zusteht, auch wirklich zu nehmen. Erst wenn alle Beteiligten von der zwingenden Notwendigkeit und der wachsenden Notwendigkeit der Fortbildung überzeugt sind, wird sich diese Situation ändern. Immerhin gibt es hier bereits eine große Zahl von Institutionen, die sich mit der journalistischen Fortbildung befassen.

Und noch etwas weiteres: in den Medien gibt es nicht nur Journalisten. Dort gibt es auch kaufmännische Mitarbeiter und Techniker. Auch ihre Aufgabenbereiche sind in einem rapiden Wechsel begriffen. Um deren

Fortbildung kümmert sich bisher noch kaum jemand, obwohl sie in einem Verlag in der Regel viel stärker vertreten sind als die Journalisten, nämlich etwa im Verhältnius von 2:3. Wie gut, daß sich die Universität/GHS Siegen dieser Klientel mit dem Medienstudiengang angenommen hat. Besser sieht es inzwischen bei der Ausbildung von PR-Journalisten aus. Dieses Gebiet wächst unaufhaltsam und fragt ständig erstklassig ausgebildete Journalisten nach.

Bei der Erarbeitung des Curriculum für das FRDIP wurde versucht, alle diese sich abzeichnenden Änderungen in der journalistischen Landschaft bereits zu berücksichtigen, soweit es irgend geht. Hier in Moskau bestand und besteht die große Chance, von vornherein möglichst redundanzfrei die jungen Journalisten schon heute auf ihre besonderen Aufgaben und ihre besonderen Chancen von morgen vorzubereiten. Allerdings: Die neuen Medien ändern sich rasch. Genauso rasch wird das FRDIP auf diese Änderungen reagieren müssen und ihr curriculum ständig anpassen. Nicht in Hektik und allein um des Neuen wegen, sondern mit der kritischen Distanz erfahrener Fachleute aus Wissenschaft und Praxis.

Дитрих Ратцке[1]

Вступительное слово

Приветствие

Ваше превосходительство господин Посол!
Уважаемый господин декан!
Уважаемые дамы и господа!
Дорогие студенты!

Впервые Свободный Российско-Германский институт публицистики при МГУ им. М.В.Ломоносова (СвРГИП) проводит международный симпозиум в Москве, т. е. на своей родине. Когда несколько лет назад некоторые энтузиасты подхватили идею Г. Вороненковой и создали СвРГИП, это был путь в неизвестное. Сегодня мы знаем точно: Свободный Российско-Германский институт публицистики живет, процветает и преуспевает, и его ждет большое будущее. Хочу выразить сердечную благодарность всем тем, кто до сих пор принимал участие в работе института и в будущем продолжит эту работу, поскольку они представляют себе важность подобного института. Мою особую благодарность выражаю г-же д-ру Галине Вороненковой, неутомимому борцу за СвРГИП, г-ну профессору Ясену Засурскому, который (по понятным причинам) из скептика вначале превратился в нашего большого друга и помощника, членам Попечительского и Научного советов: все они сегодня присутствуют здесь, что свидетельствует о той высокой оценке, которую они дают Свободному Российско-Германскому институту публицистики. Выражаю самую сердечную благодарность представителям Посольства Германии, фондов, Германо-Российского форума, университетов, общественным организациям и, соответственно, студентам, без участия которых СвРГИП утратил бы свой смысл.

Итак, мы приблизились к теме, которая будет волновать нас все последущие дни: со скоростью, захватывающей дух, развиваются новые технологии, которые совершают переворот в нашем мире средств

---

[1] *Директор СвРГИП (с немецкой стороны), профессор факультета журналистики МГУ*

массовой информации. С удвоенной силой такого рода преобразования идут там, где сочетается свобода средств массовой информации со свободной рыночной экономикой. Германия уже накопила опыт в этой области, положительный и отрицательный, значительный и не очень значительный. Об этом мы сегодня и поговорим. Именно в такой стране, как Россия с ее мощным интеллектуальным потенциалом, изголодавшейся по правдивой информации, именно в России потребность наверстать упущенное порождает большой спрос в этой сфере, поэтому первый симпозиум СвРГИП посвящен этой теме. В Свободном Российско-Германском институте публицистики мы занимаемся прежде всего подготовкой журналистов, и особое значение имеет вопрос о том, какие требования следует предъявлять в настоящее время и в будущем к обучению и повышению квалификации журналистов в условиях стремительного развития техники СМИ.

Требования к профессиональной квалификации, а, следовательно, и к обучению определяют главным образом особенность продукта или услуги, создаваемых в результате профессиональной деятельности. Это в большой степени зависит от рынка и спроса. На рынки СМИ это распространяется так же, как на другие отрасли. Итак, вопрос заключается в следующем: как выглядят рынки средств массовой информации сегодня, как они изменятся? Этот вопрос одновременно является вопросом и о профессиональной квалификации тех, кто работает на рынках СМИ. Мир СМИ, в котором мы живем, изменился в последние годы коренным образом. Почему?

Во-первых, радикально изменилась техника СМИ, в частности, за счет внедрения микроэлектроники, постоянно дешевеющих банков данных и новых коммуникационных сетей.

Во-вторых, изменились политические условия, а вместе с ними и информационная политика: прощание с коммунистическим прошлым открыло новые пути для свободной информации и коммуникации. В Германии сложилась „дуальная" система СМИ, которая может служить моделью и для других свободных стран.

В-третьих, изменились привычки в использовании информации. Дети растут вместе с электронными СМИ, а печатные СМИ попадают во все более затруднительное положение. На рынки вторгаются новые СМИ, красиво и легко воспринимаемые. Все это не может не оставить следа в работе тех, кто формирует содержание СМИ, а именно журналистов. Вряд ли есть такая профессия, которая, несмотря на свою внешнюю прогрессивность, так сильно тяготеет к старым методам работы, как профессия журналиста. Тот, кто, например, внедрил электронную систему редактирования в редакции немецкой ежедневной газеты , а именно эта задача ставилась передо мной, мог бы много об этом порассказать[2]. Преобладающее число пожилых журналистов предпочитают продолжать работать так же, как они это делают с незапамятных времен. Молодое поколение, к счастью, думает иначе, с жадностью используя новое в работе, и вместе с тем новые профессиональные возможности. Оно уяснило, что новые разработки дают им новые шансы.

Как пойдет дальнейшее развитие СМИ, какие профессиональные требования они предъявят и какие новые шансы откроют? По прошлому опыту можно ожидать, что печатные средства информации сохранят свою функцию интеллектуальных ведущих СМИ. Чтение - это особая деятельность, и она таковой останется. Нельзя забывать о печатных СМИ как носителях рекламы. Во всяком случае, калькулировать бюджет становится все сложнее, поскольку нельзя обойтись без рациональных затрат. Это особенно касается распространения. Производство тоже будет постоянно дорожать, если вспомнить хотя бы ожидаемое повышение цен на бумагу. Это означает: высокие цены на печатные СМИ противостоят постоянно падающим ценам на электронные средства информации. Рынок печатных СМИ будет сокращаться и, соответственно, уменьшатся профессиональные возможности в этом сегменте. Классическое обучение и повышение квалификации, ориентированные только на печатные СМИ, очевидно, зайдет в тупик.

А электронные СМИ и впредь будут развиваться по восходящей. Они, собственно, и станут средствами массовой информации завтрашнего

---

[2] *Профессор Дитрих Ратцке – дипломированный юрист был корреспондентом, позднее - ответственным секретарем газеты „Франкфуртер альгемайне цайтунг", затем - главным уполномоченным газетной группы „Франкфуртер альгемайне цайтунг" и директором Института средств массовой информации и коммуникаций при этом концерне. - Прим.ред.*

дня. Они отвечают всем требованиям обычного гражданина: получать краткую, но наглядную информацию, больше развлекательных сообщений, и всё - за умеренную плату. В этой области будет работать большинство журналистов. Электронные СМИ - это, с одной стороны, классические телевидение и радио, а с другой - новые формы электронной информации, или новые электронные текстовые и иллюстрированные средства информации, CD-ROM и их последователи - Интернет, а также специфические банки данных. Здесь открывается невероятно широкая и неслыханно важная область, к которой мы, журналисты, должны перестроиться с сегодня на завтра.

Итак, нужны ли журналисты завтра?

Уже обсуждался вопрос о том, нужны ли вообще журналистам новые СМИ, т.е.такие средства информации, в которых информационный поток автоматизирован электронными средствами, например банками данных. В одной из дискуссий во время „Франкфуртских дней прессы“ на этот вопрос просто, но четко ответили сами пользователи банка данных. К этой теме мы еще вернемся сегодня. Присутствовавшие во Франкфурте журналисты все без исключения считают, что им нужны новые электронные (текстовые) СМИ. Кто захочет так быстро вынести смертельный приговор своей профессии? Однако журналисты завтра должны быть другими, нежели сегодня. Почему? Завтра журналисты будут иметь дело с другого рода информацией или, по меньшей мере, с другими ее объемами. Во всяком случае им придется использовать другой выбор, другую презентацию (издания - Прим. ред.), другой язык и формулировки, чтобы донести до пользователей информацию без перенасыщения.

Но одно останется без изменения: главная задача журналиста заключается в том, чтобы готовить такую информацию, которую адресат мог бы использовать, не прилагая больших усилий. Он должен освободить адресата от большей части работы. Новым журналистам в электронных текстовых СМИ будет не столь важно давать комментарий. Можно было бы назвать безусловной победой, если бы ироничное слово „ангажированный“ журналист, который слаб в поиске, но силен в комментарии, ушло в прошлое.

В ходе изменений СМИ должен измениться сам журналист в своей профессиональной этике, должно измениться и его образование. Журналист чувствует себя незащищенным перед постоянно растущим объемом информации. Все большую значимость здесь приобретает выбор. Процессы и события становятся все более сложными и многослойными. Чтобы понять взимосвязи, журналист должен иметь хорошую общеобразовательную подготовку. Он должен больше знать о воздействии СМИ, которое он сам и порождает. Давление групповых интересов, стремящихся попасть в СМИ, постоянно усиливается, поскольку обычные средства рекламы теряют свое влияние. Он (журналист - прим. ред.) должен активнее противостоять непрофессиональному воздействию извне, т.е. исследовать его и знать. Он лучше должен владеть языком, поскольку сложные вещи следует выражать по-разному. Он должен овладевать техническими новшествами, так как СМИ постоянно технизируются. Он должен больше знать о производственно-экономических процессах, потому что ему все меньше приходится работать в бюджетно финансируемом средстве информации, а находиться под давлением экономических факторов. Не помешает и глубже знать юридические тонкости, говорят те, кто знают, как быстро используются правовые нормы против журналистов, чтобы заставить их замолчать.

Долгое время считалось, что журналист должен быть журналистом, а хороший журналист - это, собственно, разносторонний талант, который сегодня мог бы работать на телевидении, завтра делать газету, а послезавтра - готовить телетексты, т.е. тот, который работает мультимедиально, или разносторонне. Многие издательские дома провели такой эксперимент: перевели редакторов[3], в совершенстве владевших профессией газетчика, в электронные СМИ. Но ничего из этого не получилось. Различные средства информации настолько далеко отстоят друг от друга по форме, что нет редактора, который сегодня мог бы работать в электронных СМИ, завтра - так же хорошо в печатном издании, а послезавтра - в совершенно новом СМИ. Для системы образования это означает, что в зависимости от задач следует по-разному готовить журналистов, учитывая специфику СМИ.

Соответствует ли современные программы обучения в Германии задачам сегодняшнего и завтрашнего дня? По количеству - да, а по качеству и содержанию - нет. Взять хотя бы университетские курсы

---

[3] В немецких редакциях редакторами называют всех штатных сотрудников издания. - Прим. ред.

обучения, на которых я остановлюсь, так как сейчас существуют десятки центров по подготовке журналистов. Наиболее часто избираемый путь - это классический путь через волонтариат[4]. Но этот путь может быть успешным только тогда, когда волонтер прошел курс практического профессионального обучения или закончил специальное учебное заведение. Волонтер, пришедший сразу после школы учиться журналистике, рано или поздно поймет, что возможности для его карьеры ограничены. Есть журналистские школы, и лучшие среди них - Кельнская, Мюнхенская и Гамбургская. Это - правильно организованные, солидные учебные заведения, хотя ведущие издательства их не всегда признают. Очевидно это связано с тем, что в процессе обучения отсутствует преемственность преподавателей. Многие коллеги в редакциях говорят, что в сущности там учат только тому, что в редакционной практике приобретается автоматически, что называется learning by doing. Недавно даже Евангелическая церковь открыла свою журналистскую школу в Берлине. В ней учат „практической журналистике с этическим самоанализом", „совершенному ремеслу", а также встрече со „слабостями в гласности и человеколюбием, с властелюбцами со скепсисом и с гражданским мужеством". Хорошую репутацию в этой области имеют учебные заведения, принадлежащие самим издательским концернам, например, журналистская школа имени Генри Наннена издательского дома „Грунер унд Яр".

В то же время везде уделяется не достаточно внимания в обучении и системе образования новым журналистским профессиям. Так, к ним относятся редактор телетекста, редактор банка данных, технический редактор, редактор-документалист, редактор-исследователь, менеджер редакции, продюсер, редактор редакционного маркетинга. Здесь открываются весьма значительные профессиональные шансы и, благодаря этому, большие возможности для учебных заведений нового прогрессивного профиля. В конечном итоге вопрос о качестве журналиста будет решать завтра также, как и сегодня личность,

---

[4] Волонтариат - набор добровольных учеников в редакции для овладения журналистским ремеслом. Как правило, это выпускники общеобразовательных школ, имеющие склонность к журналистской деятельности.

всесторонне образованная, сочетающая знания с чисто ремесленнической деятельностью. Из этого видно, что я думаю о том, как нужно готовить журналиста универсального, т.е. университетски образованного. Это требование приобретает все большую значимость в зависимости от того, насколько высок образовательный уровень широкой публики. В условиях усиливающейся конкурентной борьбы на рынках, сопровождаемой всеми соблазнами удариться в плохую скандальную журналистику, оно (требование - Прим. ред.) становится еще более насущным. Но при этом нельзя упускать из виду, что журналистика - свободная профессия и безусловно должна оставаться таковой. Только возможностью доступа (к информации - Прим. ред.) для каждого можно реализовать принцип свободы слова и мнения.

Как бы там ни было, университетские программы в Германии следует систематически обновлять и увеличивать долю практикумов. В противном случае обучение слишком затягивается, и журналисты слишком поздно входят в профессию. Наиболее удачным для журналистского образования оказался специализированный курс подготовки журналистов по модели университета в Гиссене. Общеобразовательное обучение в Гиссене идет параллельно с журналистским образованием, но не с теоретическим, основывающемся на теории публицистики, а на базе истории. Журналистское образование в Майнце значительно улучшило свою репутацию после того, как журналисты, получившие университетский диплом, прежде всего по теории публицистики, были интегрированы с учебной практикой. В настоящее время существует лишь около десяти университетов, которые обучают настоящей журналистике. К ним относятся университеты в Дортмунде, Айхштетте, Лейпциге, Мюнхене (с защитой диплома), Берлине, Бохуме, Дрездене и Мюнстере (с присвоением степени магистра). Исходя из опыта, накопленного в Майнце, следует сдать в архив старую спорную тему об образовании журналистов-теоретиков или публицистов[5]. 85% выпускников курса

[5] В Германии всегда было два направления в подготовке кадров для СМИ - журналистов с практическими навыками работы в редакции и исследователей журналистики, которых готовили институты публицистики. Считается, что выпускники институтов публицистики

пост-градуального обучения при этом университете сразу по окончанию обучения находят место работы.

Повышение квалификации журналистов в Германии - это тема особого разговора. Это направление пока только разрабатывается. Повышение квалификации журналистов до сих пор остается уделом инициаторов-одиночек. Некоторые издательские дома и ТРК поддерживают их, но большинство не делает ничего. А ведь именно журналистам важно иметь возможность постоянно знакомиться с новейшим научными разработками и практическим опытом. В этом, конечно, определенную роль играет позиция журналиста: якобы он все знает и не нуждается в повышении квалификации. Играют роль и невероятная загруженность журналиста, и нежелание издательских групп предоставлять своим сотрудникам свободное время для дальнейшего обучения. Да и сами журналисты берут положенный по закону учебный отпуск не охотно, если вообще берут, особенно в частных СМИ. Это несколько напоминает Японию, где считается неприличным брать ежегодный отпуск, который действительно положен. Такая ситуация изменится только тогда, когда все стороны поймут насущную необходимость в повышении квалификации.

Тем не менее уже сейчас есть много учебных заведений, занимающихся повышением квалификации журналистов. Это прежде всего три признанных учреждения, утвержденные Тарифным договором[6], и деятельность которых посвящена повышению квалификации и переподготовке кадров: Академия Баварской прессы, Академия публицистики и Дом Буша в Хагене. Академия СМИ в Любеке проводит с 1993 г. трехдневные курсы повышения квалификации. В Маастрихте создан Центр повышения квалификации под эгидой ЕС, в Берлинском университете организован курс постградуального обучения

были теоретиками, совершенно не знавшими практической журналистики.- Прим.ред.

[6] Тарифный договор - законодательный акт, регулирующий отношения между работодателями и журналистами. Он заключается на основе положений, разработанных Федеральным союзом газетных или журнальных издателей и соответствующих конституционным нормам права Германии.

журналистов. В большинстве случаев - это институты, возглавляемые заинтересованными людьми, где предлагается тематическое обучение. Так, в одной только Европейской ассоциации журналистов объединено 60 институтов, занимающихся повышением квалификации журналистов. Кроме этого, множество фондов поддерживают это направление, например, такие крупные политические общественные организации как Фонд им. Конрада Аденауэра (KAS). С опозданием, но не без успеха, начали принимать участие в повышении квалификации и профессиональные союзы, например Федеральный союз немецких газетных издателей (BDZV). Повышение квалификации включено в программу Федерального центра политического образования (BZfPB), но он специализируется прежде всего на переподготовке журналистов из локальных СМИ. И еще несколько замечаний. В средствах массовой информации заняты не только журналисты, но и предприниматели, и технический персонал. Сфера их задач меняется также стремительно. О повышении их квалификации пока никто не заботится, хотя в издательских домах они представлены даже больше, чем журналисты. Их соотношение можно оценить как 2:3. Еще хорошо, что университет в Зигене разработал для этой группы курс по СМИ. Несколько лучше обстоит дело с подготовкой журналистов для отделов „Паблик рилейшнз". Этот сектор развивается очень быстро и в нем постоянен спрос на первоклассных журналистов.

При разработке учебной программы для Свободного Российско-Германского института публицистики мы постарались, насколько это возможно, учесть все эти и другие промахи и только намечающиеся изменения на журналистском ландшафте. Здесь, в Москве, с самого начала было и есть много шансов уже сегодня готовить молодых журналистов, исключая ненужные дисциплины, и концентрировать внимание на специфических задачах, для решения которых придется использовать особый шанс завтра. Без сомнения, новые СМИ меняются очень быстро. Также быстро должен реагировать на эти изменения и Свободный Российско-Германский институт публицистики, постоянно перестраивая свою программу, причем без спешки и не ради лишь новаций, а с критической позиции опытных специалистов - ученых и практиков.
Перевод: Татьяны Доценко
Übersetzung: Tatjana Dotsenko

*Matthias Kleinert**

Der Dialog: Das wichtigste Instrument im weltweiten Wandel von Wirtschaft und Gesellschaft

Daimler-Benz, der größte Industrie-Konzern Europas hat ein großes Interesse am gedanklichen und kulturellen Austausch mit den wissenschaftlichen Institutionen und Universitäten. Denn: Ein Unternehmen kann seine wirtschaftliche und gesellschaftspolitische Verantwortung und die Trends der Zeit und in den Märkten nur dann wahrnehmen, wenn es den Dialog sucht nicht nur mit Wirtschaftlern, sondern auch mit Wissenschaftlern, Intellektuellen, Journalisten, Sportlern und Künstlern. Ich glaube und bin überzeugt davon, daß der umfassende und interdisziplinäre Dialog das wichtigste Instrument zur Lösung der Herausforderungen im weltweiten Wandel von Wirtschaft und Gesellschaft darstellt.

Das Schwerpunkt-Thema Ihres Symposiums "Neue Technologien und die Entwicklung der Medien" ist mir als Vertreter der Industrie nicht ganz so unbekannt, wie man auf den ersten Blick vielleicht annehmen könnte. Sind doch die Unternehmen der Wirtschaft und die Medien den gleichen globalen Umwälzungen und technologischen Entwicklungen unterworfen, die das Zeitalter der Informationsgesellschaft definieren.

In der Suche nach Aufmerksamkeit ist die Sprache der Medien meist plakativ. Dies können Sie jetzt auf der Frankfurter Buchmesse wieder erleben, wo sich zahlreiche Autoren und Journalisten mit dem weltweiten Wandel unserer Gesellschaft, also mit der Globalisierung auseinandersetzen. So ist eines der beliebtesten Wörter von Journalisten der Begriff "Revolution". Auch im Hinblick auf die Informationstechnologie sprechen - nicht nur - die Medien von einer Revolution, die in allen gesellschaftlichen Bereichen, Wirtschaft,. Politik, soziales Gefüge - stattfindet.

---

* *Mitglied des Direktoriums mit Generalvollmacht, Leiter Politik und Außenbeziehungen der Daimler-Benz AG, Mitglied des Kuratoriums des FRDIP*

Der Übergang zur Informationsgesellschaft ist in seinen Auswirkungen nur vergleichbar mit dem Übergang vom Agrar- zum Industriezeitalter.

- Worauf beruht diese Revolution?

- Was hat sie ausgelöst?

- Was wird sie bewirken in Wirtschaft und Gesellschaft?

Kern der dramatischen Entwicklung ist die fortschreitende Globalisierung, die immer mehr Regionen der Welt erfaßt und in zunehmenden Maße in die internationale Arbeitsteilung integriert.

Das, was wir mit dem Schlagwort Globalisierung bezeichnen, ist nämlich nichts anderes als die Entwicklung zu einer freien Weltgesellschaft, die Frieden und partnerschaftliche Sicherheit, Freihandel und Wohlstand zum Ziel hat und aus den verhängnisvollen Fehlern der jüngsten Geschichte die Lehren gezogen hat. Natürlich birgt der Prozeß der Globalisierung auch Risiken in sich. Um diese zu minimieren, bedarf es ebenfalls des Dialogs, des miteinander Redens und miteinander Denkens. Ich gebe zu bedenken: Die Globalisierung beginnt nicht mit der Einführung von Daten-Highways, sondern ist ein historischer Prozeß. Weltweiten Handel gab es schon im zweiten vorchristlichen Jahrhundert, als das weitverzweigte Netz der Seidenstraße das westliche Rom mit dem östlichen China verband, oder die Seeschiffahrt über die Ostsee West- und Osteuropa oder die Transsibirische Eisenbahn Europa mit dem Fernen Osten verband.

Europa hat den Prozeß der Globalisierung vom 19. Jahrhundert an mit großem Engagement vorangetrieben. Indem Europa seine Vorstellungen von Gesellschaft und Individuum, von Freiheit und Recht, vor allem sein technisches Wissen in andere Teile der Erde trug und dort auf fruchtbaren Boden stieß, schuf es sich neue Mitbewerber, die Europas einstige Weltgeltung teilen oder streitig machen.

Das begann mit den USA in der zweiten Hälfte des 19. Jahrhunderts und setzte sich ein Jahrhundert später mit Japan fort. Heute schicken sich die Völker Rußlands, Osteuropas, Asiens, des südlichen Afrikas und Lateinamerikas an, den "Etablierten" in der globalen Hierarchie den Rang abzulaufen. Die Globalisierung der Märkte bestimmt die wirtschaftliche Zukunft der Industriegesellschaften. Nur Unternehmen und Staaten, die auf die Herausforderungen der Globalisierung die richtigen Antworten finden, können im internationalen Wettbewerb bestehen.

Wenn wir das Wesen der Globalisierung näher betrachten, dann wird schnell klar, wo die Gemeinsamkeiten zwischen Globalisierung der Wirtschaft und der Entwicklung der Medien und der Informationsgesellschaft liegen. Globalisierung heißt internationaler Wettbewerb zwischen allen Anbietern und Nachfragern von Gütern, Kapital und Dienstleistungen, wo immer sie sich befinden mögen. Als Folge eines immer intensiver genutzten Netzes von Kommunikation zwischen allen Teilen der Erde werden Neuerungen jeder Art, ob Modetrends, Konsumgüter, technische Verfahren, neue Organisationsstrukturen, Eigentumsformen, Finanzierungsinstrumente mit bisher unbekannter und ständig zunehmender Geschwindigkeit weltweit übertragen.

Die rasanten Fortschritte in Informationstechnik und Kommunikation sind vor allem auf die Quantensprünge bei den Mikroprozessoren zurückzuführen, die auf immer weniger ‚Platz immer mehr Informationen verarbeiten können. Die wachsende globale Vernetzung erleichtert den weltweiten Dialog - das Zur-Verfügung-Stellen und Aufsuchen von Informationen. Somit ist die Information in den Rang einer alles bestimmenden Ressource gekommen und der Dialog zum wichtigsten Instrument im weltweiten Wandel der Wirtschaft und der Gesellschaft. Wie wichtig der Dialog ist, wissen Sie als Publizistikwissenschaftler und als Studenten der Journalistik selbst sehr gut. Der Dialog ist Ihr tägliches Brot. Natürlich meine ich hier den offenen und unzensierten Dialog. Ich spreche von der Freiheit des Wortes. Dabei verändern die Daten-Highways nicht nur radikal die Arbeitsbedingungen der Journalisten. Die modernen Technologien ermöglichen völlig neue Formen der Kommunikation und der Recherche. Den Zeitungen und Zeitschriften selbst eröffnen sich neue Wege zu den Lesern.

Aber das, was für Journalisten gilt, gilt auch für die Industrie. Die neuen Informationstechnologien sind die eigentlichen Motoren der Globalisierung; das sehen Sie an den konkreten Beispielen aus der Arbeitswelt:

Automobilkonstrukteure können gleichzeitig Designentwürfe oder Crashtests erstellen und darüber diskutieren - unabhängig von ihrem jeweiligen Aufenthaltsort.

Vom Auto bis zum Flugzeug werden heute neue Produkte mittels Computer Aided Design (CAD)-Programmen konstruiert. Die Produkte liegen dann in Form von Dutzenden digitaler Datensätze im Computerspeicher, bevor überhaupt ein Modellbauer oder ein Techniker die Idee in ein Modell umgesetzt hat.

Bei Daimler-Benz werden in einem Virtual Reality Competence Center (VRCC) die einzelnen Zeichnungen in dreidimensionale Modelle verwandelt, die an Spezial- Leinwänden betrachtet werden können.

Mit den neuen Technologien können Außendienstmitarbeiter sowohl Transaktionen - etwa in Form einer Bestellung oder Datenbankabfrage - auslösen als auch Kontakt zu Zulieferfirmen halten.

Wenn Flugzeuge der Lufthansa auf dem Internationalen Airport in Moskau Sheremetievo landen, sind die Daten über den Zustand der Maschine bereits an den Computer des Bodenpersonals überspielt und die Wartungs- und Reparaturhinweise aus einer zentralen Datenbank in Frankfurt am Main abrufbar. Treten Probleme auf, können sich die Spezialisten aus aller Welt virtuell an einen Tisch setzen und über die technische Lösung sprechen.

Die Auswirkungen der neuen Technologien sind in der Tat revolutionär. Der Raum als limitierender Faktor wird mehr und mehr an Bedeutung verlieren. So ist die Welt noch kleiner geworden, als sie durch die neuen Transportmöglichkeiten ohnehin schon war. Denn, das ist wohl unbestritten: ohne Mobilität wäre die Globalisierung noch nicht über den grenznahen Warentausch hinausgekommen. Die Entwicklung neuer Transportmittel für Personen, Güter und Dienstleistungen über weite Entfernungen hat dazu geführt, daß Distanzen überwindbar, Räume kleiner geworden sind. Heute kann jeder zu minimalen Transportkosten weltweit mit Gütern und Kapital handeln.

Aber was neu hinzu kommt ist die hohe Geschwindigkeit, in dem sich diese Entwicklung vollzieht. Wenn wir noch einmal feststellen, daß Wissen zum Rohstoff geworden ist, dann heißt das, dieses Wissen steht auch immer mehr Leuten gleichzeitig zur Verfügung. Und das ist das Geheimnis der Globalisierung: Ein einmal erarbeiteter Wettbewerbsvorsprung kann schnell verloren gehen, weil andere fähig sind, ihn zu übernehmen, billiger und manchmal auch besser um zusetzen.

Teleworking und -learning, weltweiter Zugriff auf Datenbanken über das Internet, globale Ausschreibungen und Servicenetze werden das wirtschaftliche und gesellschaftliche Leben grundlegend verändern. Chancen und Risiken liegen dabei eng beieinander. Genauso wie sich für Unternehmen wie

Daimler-Benz neue Märkte eröffnen, neue Möglichkeiten der Mitarbeiterqualifikation ergeben, genauso verstärkt sich der globale Wettbewerb und nimmt an Schärfe zu. Über die Daten-Highway drängen beispielsweise schon heute indische Softwarehäuser in den deutschen Markt.

Genauso wie sich neue, zeitgemäßere und effizientere Lehr- und Lernmethoden herausbilden, besteht auch die Gefahr der Vereinsamung oder der einseitigen virtuellen Erlebniswelt. So wie neue Arbeitsplätze in der Medien-, Computer- oder Telekomunikationsindustrie sowie im Bereich neuer Dienstleistungen entstehen, werden auch Jobs in traditionellen, weniger wettbewerbsfähigeren Teilen der Volkswirtschaft verlorengehen. Doch gerade weil Chancen und Risiken eng zusammenliegen, können wir uns es nicht leisten, untätig zu sein. Es kommt darauf an, die Entwicklung aktiv zu gestalten, zwar mit Augenmaß, aber doch zügig und konsequent. Denn: Jedes Unternehmen, das auf den internationalen Märkten erfolgreich bleiben will, muß sich den raschen Veränderungen anpassen. Und daß heißt, die Rolle der Zeit wird immer wichtiger: Time to market, daß heißt einen Innovationsprozeß, so schnell es geht, zu durchlaufen, das wird zu dem entscheidenden Wettbewerbsfaktor. Und Daimler-Benz ist auf dem guten Weg: Gute Ideen haben viele - wir setzen unsere Ideen aber auch schnell und zielsicher in marktfähige Produkte um. Deshalb sind unsere Forschungsergebnisse und das Knowhow unserer Mitarbeiter wichtiger Bestandteil unseres Unternehmens -denn dieses Kapital kann nicht per Internet und Mausklick rund um den Globus verteilt werden.

Wir wissen, daß wir in Westeuropa kein Privileg auf Wissen und Bildung und pfiffige Köpfe haben. Bei Wissenschaft und Können gibt es keinen naturgegebenen Vorsprung - auch nicht für uns. Das ist eine gewaltige Herausforderung an die Bildungspolitik und Ausbildungsbereitschaft in den Ländern Europas.

Im Frühjahr dieses Jahres wurden die Ergebnisse der bisher größten internationalen Studie zur Qualität der Bildungssysteme veröffentlicht, eine Studie zur internationalen Mathematik und Naturwissenschaften. Getestet wurde das Leistungsvermögen von über einer halben Million Schülern aus 41 Ländern in Mathematik und Naturwissenschaften. Zwar lagen ostasiatische Länder ganz vorne, doch auch die osteuropäischen Länder standen weitaus besser da als ihre westeuropäischen Nachbarn. Wir wissen um das naturwissenschaftliche Potential, das in Ihrem Lande vorhanden ist.

Natürlich kann man solche Untersuchungen immer mit Fragezeichen versehen. Aber sollten sie nicht Anlaß genug sein, zumindest ernsthaft folgende Frage zu stellen: Lehrt unser Bildungssystem die Fähigkeiten, die Europa im 21. Jahrhundert braucht? Etwa die Fähigkeit, aus einer Menge von Informationen rasch die relevanten herauszufiltern, zu strukturieren und zu verarbeiten? Lernen unsere Schüler heute, wie man lernt? Wie man sich auf den rapiden Wandel einstellt, der nun einmal das Merkmal unserer Zeit ist -oder wie man ihn gar trotz seiner Schnelligkeit gestaltet? Das ist sicher auch für Sie hier an der Lomossonow-Universität eine große Chance: Indem Sie das Neue ausprobieren ohne die Fehler zu wiederholen, die wir in unseren westeuropäischen Bildungssystemen mit Bürokratisierung und Schwerfälligkeit gemacht haben.

Wir bei Daimler-Benz haben Lehren gezogen: Wir haben unsere Prozesse überprüft und effizienter gemacht; bei den Planungsprozessen etwa haben wir die Durchlaufzeit um mehr als fünfzig Prozent reduziert. Und ich kann Ihnen versichern: Die Qualität der Planung hat dadurch nicht etwa abgenommen. Insgesamt sind wir in den Prozessen unserer Hauptverwaltung um dreißig Prozent effizienter geworden. Und auch die Produktentwicklung haben wir deutlich verkürzt. Während wir früher in zehn Jahren drei neue Automodelle in den Markt eingeführt haben, sind es nun zehn in nur drei Jahren. Adtranz, unser Joint Venture mit ABB und der weltgrößte Anbieter von Schienenverkehrssystemen, hat in den letzten anderthalb Jahren seine gesamte Produktpalette erneuert. Und die Daimler-Benz Aerospace, die Dasa, hat in den vergangenen fünf Jahren fünfzehn Flugzeuge und Hubschrauber zum Erstflug gebracht - gegenüber zehn in den zehn Jahren davor. Und dabei wissen wir, daß wir noch nicht am Ende der Entwicklung sind: Denn Schnelligkeit ist auf fast allen Märkten zu einem der wichtigsten Wettbewerbsfaktoren geworden.

Um es zusammenzufassen: Wir brauchen Schnelligkeit und Wachstum durch Innovation - und zwar Innovationen von der Erfindung bis zum fertigen Produkt. Wir brauchen neue Ideen und Innovationen. Neue unkonventionelle Wege.

Auch Rußland hat neue Wege beschritten. Wir wissen das und wir wissen auch, daß Ihr Land ein ungeheures Potential an fleißigen und kreativen Menschen, an wissenschaftlichen Fachkräften und Forschungseinrichtungen besitzt, die weltweit Anerkennung erlangt haben. Mit anderen Worten: Ich möchte Ihnen heute sagen, daß wir die Zusammenarbeit nicht nur suchen, sondern auch brauchen, denn wir sind Nachbarn, wir sind Partner.

Daimler-Benz hat in den letzten Jahrzehnten die Erfahrung gemacht, daß wir in den neuen Wachstumsmärkten nur dann eine Chance haben, wenn wir mit unseren Produkten und Dienstleistungen auf die konkreten Bedürfnisse und Wünsche der Menschen eingehen. Und sie mit einbeziehen, nicht nur als Konsumenten, sondern als Entwickler, Arbeitnehmer, Manager und Ratgeber. Damit wir diese Ziele erreichen können, müssen wir genau Bescheid wissen über die kulturellen Eigenheiten einer Region. Nur in der Regionalisierung unserer Strategie und in der Dezentralisierung unserer Entscheidungsstrukturen können wir die Vorteile der globalen Kooperation der unterschiedlichen Unternehmenseinheiten, die rund um den Globus verteilt sind, überhaupt effizient nutzen.

Wir wollen gleichberechtigte Partnerschaft. Und die können wir nur im Dialog von Mensch zu Mensch erreichen. Deshalb ist der unmittelbare menschliche Kontakt für mich das wichtigste. Ein Journalist, der eine Reportage schreibt, kann auch nicht sein ganzes Wissen aus dem Internet-Computer beziehen. Er muß hinausgehen, wissen, wie sich das Leben draußen abspielt, wenn er eine glaubwürdige und farbige Reportage schreiben will. Wir wollen die Menschen besser kennenlernen, denn was nützen alle technischen Innovationen, wenn sie nicht dem Menschen dienen? Und deshalb führen wir den Dialog. In Europa und in allen Regionen der Welt. Denn Daimler-Benz ist ein global operierendes Unternehmen, das vor Ort ein guter Nachbar und ein guter Bürger sein will. Deshalb engagieren wir uns auch in Rußland, in der GUS und in Osteuropa. Wir bemühen uns um den kulturellen Austausch, um den Gedanken- und Wissenstransfer, der für beide Partner wichtig ist.

Die Liste unserer Joint Ventures und wirtschaftlicher Kooperationen und Investments in der GUS und in Osteuropa füllt zahlreiche Seiten. Diese Projekte spielen eine wichtige Rolle innerhalb der Regionalisierungsstrategie unseres Konzerns. Denn durch wirtschaftliche Zusammenarbeit kommen wir uns näher und leisten einen gemeinsamen Beitrag zum wirtschaftlichen Aufschwung in Ihrem Land. Mir liegt der Aufbau von menschlichen Beziehungen, von persönlichen Beziehungen sehr am Herzen. Und deshalb ist mir der Austausch von Studenten, den wir auch an dieser Fakultät unterstützen, sehr wichtig. Vor allem die Kultur und der Sport sind zentrale Bindeglieder zwischen den Menschen. Oder, wie der Vater der europäischen Einigung Jean Monet gesagt hat: wenn er bei der Schaffung der Europäischen Wirtschaftsgemeinschaft alles noch einmal machen könnte, würde er mit "Kultur anfangen, nicht mit der Ökonomie".

Um den Dialog mit den Menschen zu fördern, unterstützen wir nicht nur den akademischen Austausch von Wissenschaftlern und mit der Vergabe von Stipendien viele Studenten, sondern wir fördern auch kulturelle Ereignisse, die die Menschen miteinander vertrauter werden lassen. Wir haben zum 850sten Geburtstag der Stadt Moskau über 100 Bäume vor dem Bolschoi-Theater gepflanzt. Wir haben uns sehr gefreut, daß Bürgermeister Luschkow bei der Einweihung dieses Gartens gesagt hat: Dieses Geschenk war das schönste, das die Stadt Moskau erhalten hat. Es hat den Moskauern das Herz geöffnet. In Zusammenarbeit mit dem Goethe-Institut fördern wir ein Konzert der Stuttgarter Bach-Akademie hier in Moskau. Sie können nicht weit von hier die Ankündigung dieses Ereignisses auf Transparenten sehen. Darüber hinaus unterstützen wir die Konzerttournee von Mitgliedern des Ensembles der Ludwigsburger Schloßfestspiele, die in Kooperation mit dem Tschaikowsky-Sinfonieorchester am 16. und 17. Dezember im Saal des Tschaikowsky-Konservatoriums das Deutsche Requiem von Johannes Brahms unter der Leitung von Professor Wolfgang Gönnenwein aufführen werden. Ich möchte Sie persönlich zu diesem kulturellen Austausch, den wir fortführen werden, einladen.

Aber gestatten Sie mir noch eine Bemerkung: Je wichtiger die Zeit im internationalen Wettbewerb wird, desto wichtiger wird es auch, konkrete Ergebnisse zu vereinbaren, wenn man sich zu so hochinteressanten Symposien trifft, wie dem heutigen.

Lassen Sie uns deshalb dieses Symposium als Auftakt zu weiterem Gedankenaustausch nutzen. Ich schlage Ihnen vor, daß wir uns künftig regelmäßig in einem "Dialogforum deutsch-russischer Wissenschaftler und Studenten" treffen. Daimler-Benz ist bereit, ein solches Forum zu unterstützen.,

Lassen Sie uns den gemeinsamen Dialog führen. Dieser Dialog ist die Voraussetzung für das Land Rußland und für das Unternehmen Daimler Benz und damit auch für unser Land, den raschen Wandel in Wirtschaft und Gesellschaft besser verstehen zu lernen und die richtigen Schlußfolgerungen daraus zu ziehen. Wir sollten die Globalisierung zur interkulturellen Zusammenarbeit und zum kulturübergreifenden Dialog nutzen. Zur Bewahrung, aber auch zur Erweiterung des gegenseitigen geistigen und kulturellen Verständnisses.

Матиас Кляйнерт*

Диалог: важнейший инструмент в мировом процессе преобразований в обществе и экономике

Сердечно благодарю за приглашение на ваш симпозиум. У «Даймлер-Бенц» - крупнейшего промышленного концерна Европы - большой интерес к интеллектуальному и культурному обмену с научными институтами и университетами, так как предприятие может только тогда осуществлять свою экономическую и общественно-политическую ответственность, ощущать пульс времени, а также и изменения рынка, когда оно ищет диалога не только с экономистами, но также и с учеными, журналистами, спортсменами и людьми искусства. Я убежден в том, что всеохватывающий и разносторонний диалог является важнейшим инструментом для решения тех требований, которые ставят перед нами общемировые процессы преобразований в экономике и обществе.

Главная тема симпозиума "Новые технологии и развитие средств массовой информации" мне, представителю промышленности, далеко не безразлична, как это может показаться на первый взгляд. Как экономические предприятия, так и СМИ в равной степени подчинены глобальным техническим преобразованиям, которые определяют возраст информационного общества.

В погоне за вниманием аудитории язык СМИ нередко бывает плакатным. В этом вы можете еще раз убедиться, попав на Франкфуртскую книжную ярмарку, где многочисленные писатели и журналисты обращаются к любимой теме современности - глобализации. Одним из их излюбленных слов журналистов является дефиниция "Революция". С позиций информационных технологий в средствах массовой информации - и не только в них - говорят о

* *Член директората, главный уполномоченный концерна, руководитель управления политических и внешних отношений А/О «Даймлер-Бенц АГ».*

революции, которая охватывает все общественные области, экономику, политику и социальные сферы.

Переход к информационному обществу по своей значимости можно сравнивать с переходом от аграрного типа хозяйствования к индустриальному. При этом возникают вопросы:

Какие области затрагивает эта революция?

Что она вскрыла?

На что она будет воздействовать в обществе и экономике?

Ядром драматического развития является прогрессирующая глобализация, которая охватывает все большие регионы мира и во все возрастающей мере вмешивается в мировое разделение труда. То, что мы подразумеваем под ключевым словом "глобализация", есть не что иное, как стремление к свободному мировому обществу, целью которого являются дружба и взаимная партнерская безопасность, свободная торговля и благосостояние, и которое сделало уроки из роковых ошибок новейшей истории. Естественно, в самом этом процессе глобализации заключается и много риска. Именно для того, чтобы по возможности его минимизировать, и возникает необходимость диалога, взаимного разговора и совместного мышления.

И я приглашаю поразмышлять. Глобализация начинается не с внедрения новых высокоскоростных каналов передачи информации, а с исторического процесса. Всемирная торговля существовала уже во 2-м веке до Рождества Христова, когда разветвленная сеть шелкового пути связывала Западный Рим и Восточный Китай, а мореплавание по Балтийскому морю объединяло Восточную и Западную Европу, или Транссибирская магистраль соединяла Европу с Дальним Востоком. Европа энергично начала процесс всемирной глобализации еще в Х1Х веке. Благодаря ей она распространяла свои представления об обществе и личности, свободе и праве, но прежде всего внедряла свои технические достижения в других частях света, где находила для них плодородную почву, создавая себе новых союзников и партнеров, которые либо принимали европейское господство, либо его оспаривали. Подобный процесс начался в США во второй половине Х1Х века и веком позже продолжился в Японии. Сегодня народы России, Восточной Европы, Азии, Южной Африки и Латинской Америки стремятся к рангу "этаблированных " в глобальной иерархии.

Глобализация рынков определяет экономическое будущее индустриальных обществ. Только те предприятия и государства, которые правильно отреагируют на требования глобализации, смогут участвовать в мировой конкуренции.

Если мы вникнем в сущность феномена глобализации, то быстро поймем, где пролегает граница между глобализацией экономики, развитием средств массовой информации и информационным обществом. Глобализация означает международную конкуренцию между всеми производителями и потребителями благ, капитала и услуг. И в этой конкуренции они постоянно находятся. Следствием все более интенсивного использования мировых коммуникационных сетей между разными частями земли является то, что новшества любого вида - будь то стили моды, товары широкого потребления, технические разработки, новые организационные структуры, формы собственности, инструменты финансирования - передаются по всему миру с невиданной доселе и все более увеличивающейся скоростью.

Этот постоянно ускоряющийся прогресс в области информационных технологий и коммуникации объясняется прежде всего квантовым скачком в производстве микропроцессоров, которые на все меньшем пространстве могут обрабатывать все большее количество информации. Возрастающее глобальное сетевое объединение облегчает всемирный диалог как в предоставлении, так и в поиске информации. Благодаря этому, информация оказалась возведенной в ранг всеопределяющего ресурса, а диалог стал важнейшим инструментом всемирной реформации экономики и общества. Насколько важен этот диалог, вы и сами прекрасно знаете, будучи исследователями в области журналистики и студентами- журналистами. Диалог - это ваш ежедневный хлеб. Конечно, я имею в виду открытый и свободный от цензуры диалог. Я говорю прежде всего о свободе слова, о чем говорила г-жа Вороненкова.

Мы знаем, что высокоскоростные каналы передачи информации радикально меняют не только условия работы журналистов. Современные технологии открывают совершенно новые возможности коммуникации и сбора информации. Газетам и журналам открываются новые пути к читателям. Но то, что нужно журналистам, нужно и промышленности. Новые информационные технологии, собственно говоря, и есть двигатели глобализации:

Это можно увидеть на конкретных примерах из мира производства: автомобильные конструкторы могут совместно разрабатывать и обсуждать новый дизайн машины или же ее безопасность - независимо от того, где на данный момент находится каждый из них.

На сегодняшний день все новые продукты производства - от автомобиля до самолета - конструируются при помощи компьютерных программ - Computer Aided Design (CAD)-Programmen. Готовые продукты хранятся потом в форме цифровых данных в памяти компьютера до тех пор, пока они будут осуществлены в готовой модели.

У компании „Даймлер-Бенц“ отдельно взятые рисунки могут быть спроектированы в трехмерное изображение. Для этого существует специальный центр - Virtuel Reality Competence Center (VRCC).

С помощью новых технологий сотрудники зарубежных представительств, а также транснациональных филиалов могут вступить в контакт с поставщиками в форме запроса заказа и или запроса из банка данных.

Когда самолеты компании „Люфтганза“ (Lufthansa) приземляются в международном аэропорте “Шереметьево”, данные о состоянии машины, могут быть сразу же получены наземным персоналом из центрального банка данных во Франкфурте-на-Майне. Если возникают проблемы, тогда специалисты по всему миру могут сесть за виртуальным „круглым столом“ и обсудить возникшее техническое затруднение.

Воздействие, оказываемое новыми технологиями, по сути оказывается революционным. Пространство как ограничивающий фактор все более и более теряет свою актуальность. Таким образом мир становится еще меньше, нежели был благодаря новым транспортным возможностям. Это также бесспорно, как и то, что без удобной возможности передвигаться глобализация не вышла бы еще за рамки внутреннего обмена товарами. Развитие новых транспортных средств для передвижения людей, продуктов производства, сферы услуг на дальние расстояния привело к тому, что границы стали легко преодолимы, а пространства - маленькими. Сегодня каждый может распоряжаться своей собственностью и капиталом по всему миру с минимальными транспортными издержками.

Но к старому прибавилась высокая скорость, с которой происходит это развитие. Если мы еще раз вспомним, что знание стало “сырьем”, то это означает, что этим знанием могут одновременно пользоваться все большее количество людей. И это тайна глобализации: однажды созданное преимущество среди конкурентов может быть скоро потеряно, потому что другие окажутся способнее его перенять и дешевле, а иногда и лучше, претворить в жизнь.

Возможность работать и обучаться на телеконференциях при посредстве Интернет, все растущий доступ к банкам данных, глобальная конкурентность и сервисные сети коренным образом меняют экономическую и общественную жизнь.

Возможности и риск находятся при этом рядом. Насколько для таких предприятий, как „Даймлер-Бенц“ открываются новые рынки и появляются новые возможности для квалифицированных сотрудников, настолько же усиливается глобальная конкуренция, и она приобретает особую остроту. Например, через скоростные каналы передачи информации индийские изготовители компьютерного обеспечения внедряются на немецкий рынок. Поэтому сегодня, с одной стороны, образовываются новые учебные программы и методы обучения, с другой - существует опасность снижения практического опыта, или даже полный переход на исключительно виртуальный опыт. Появятся новые рабочие места в компьютерной, телекоммуникационной и информационной сферах, но обанкротятся традиционные - менее конкурентоспособные области народного хозяйства.

Как раз постольку, поскольку риск и открывающиеся возможности стоят рядом друг с другом, мы не можем оставаться в бездействии. Речь идет о том, что нужно широко освещать новое развитие, внимательно и последовательно его анализируя. Ибо: любое предприятие, которое намеревается добиваться успеха на мировом рынке, должно легко приспосабливаться к быстрым переменам.

И это говорит о том, что роль времени становится все важнее: Time to market означает инновационный процесс; умение идти с ним в ногу, он становится решающим фактором в конкуренции. „Даймлер-Бенц“ - на правильном пути: хорошие идеи есть у многих - мы же превращаем наши замыслы быстро и уверенно в конкурентоспособную продукцию. Поэтому результаты наших исследований и Ноу-хау наших сотрудников - важнейшая составляющая нашего предприятия, ибо этот капитал нельзя передать всему миру через Интернет при помощи одного щелчка „мыши“.

Нам известно, что в Западной Европе у нас нет никакой привилегии на знания, образование и умные головы. То, что в науке и возможностях не бывает какого-либо природного предпочтения, для нас не характерно. Это главное и самое сильное требование в общеобразовательной политике и готовность готовить высокообразованные кадры в странах Европы. Весной этого года (1997 г. - Прим. Ред.) были опубликованы данные самой (до сих пор) крупной работы по анализу качества образования в области математики и естествознания. Были проверены математические и естественнонаучные способности более полумиллиона учеников из 41 страны. Лучшие результаты показали восточно-азиатские страны, но и восточноевропейские показатели сильно опередили западноевропейских соседей. Нам известно о том естественно-научном потенциале, который имеется в вашей стране.

Конечно, на подобные исследования можно смотреть с большой долей скепсиса. Но разве не достаточен повод, чтобы задать себе серьезный вопрос: а развивает ли наша система образования у учащихся те способности, которые нужны Европе XX1 века? Например способность из большого объема информации выбирать нужную, структурировать ее и обрабатывать? Учат ли наших учеников учиться?

Это и для вас, в Московском университете им. М.В.Ломоносова, огромный шанс испробовать новые возможности, не допуская уже сделанных нами ранее ошибок, которые мы допустили в нашей западноевропейской системе образования из-за бюрократизации и серьезных проблем с финансированием.

„Даймлер-Бенц“ сделал выводы из полученных уроков:
Мы перепроверили наши производственные процессы и сделали их эффективнее; время на планирование производства мы сократили более, чем на 50 %. И могу вас заверить: качество планирования ничуть не ухудшилось. Мы сделали процессы управления в общей сложности на

30 % эффективней. Мы также значительно сократили время разработки новой продукции:
Раньше мы поставляли на рынок 3 новых автомобиля в 10 лет, теперь же 10 автомобилей в 3 года. Adtranz - союз, наш Joint Venture - совместное предприятие за последние годы с ABB и поставщиком автомобильных шин мировой величины, полностью изменил всю палитру предлагаемой продукции. „Даймлер-Бенц Аэроспейс" (Dasa) также за последние 5 лет выпустил 15 самолетов и вертолетов - в противовес прежним 10 за 10 лет. При этом мы понимаем, что еще не закончили своего развития: ибо скорость стала одним из важнейших факторов конкурентоспособности на всех рынках.

Говоря другими словами: нам необходима скорость и рост через инновацию, а точнее - инновация от изобретения до готового продукта. Нам нужны новые идеи и инновации. Новые и нестандартные пути.

Россия вступила на новый путь. Мы это знаем, но мы также знаем, что ваша страна обладает необъятным потенциалом трудолюбивых и творческих людей, ученых и научных разработок, которые заслужили всемирное признание. Иначе говоря : я хочу сегодня сказать, что мы не только ищем сотрудничество, но и нуждаемся в нем, ибо мы - соседи, мы - партнеры.

За последние 10 лет „Даймлер-Бенц" вывел эмпирическим путем, что наша компания на появляющихся новых рынках только тогда имеет шансы на успех, когда мы с нашим продуктом опираемся на конкретные потребности и возможности людей. И все вы вовлекаетесь в этот процесс - не только как потребители, но и как продолжатели, как ищущие рабочие места, как менеджеры и советники. Чтобы достичь этих целей, нужно глубоко знать о культурных особенностях данного региона. Только благодаря регионализации нашей стратегии и децентрализации наших управленческих органов мы сможем эффективно использовать преимущества глобальной кооперации различных производственных единиц, разбросанных по всему миру.

Но мы хотим равноправного сотрудничества. А его можно достичь только через диалог человека с человеком. Поэтому непосредственный человеческий контакт для нас - самое главное. Журналист, который пишет репортаж, не может получить весь объем необходимой информации из Интернета. Если он хочет писать красочные репортажи, то должен выходить в свет и знать, как протекает жизнь снаружи. Мы хотим лучше узнать людей, ибо зачем нужны технические инновации, когда они не служат человеку? И поэтому ведем диалог. В Европе и во всех регионах Земли. Потому что „Даймлер-Бенц" - это предприятие, действующее в глобальных масштабах, которое хочет в каждом регионе быть хорошим соседом и законопослушным гражданином. Именно поэтому мы активизируем нашу деятельность в России, в странах СНГ и Восточной Европе. Мы заботимся о культурном обмене, об интеллектуальном и культурном трансфере, которые необычайно важны для обоих сторон.

Список наших совместных предприятий - Joint Ventures - и экономической кооперации и инвестиций в СНГ и Восточной Европе занимает многие страницы. Эти проекты играют важную роль внутри региональной стратегии нашего концерна, так как мы сближаемся через экономическое сотрудничество и вносим вклад в общий экономический подъем вашей страны. Мне по душе возрождение межчеловеческих, межличностных отношений. И поэтому для меня крайне важен обмен студентами, который мы поддерживаем в этом институте и на факультете. Ведь культура и спорт являются прежде всего посредником между людьми. Или, как сказал отец европейского объединения Жан Моне: если бы он мог заново создать европейское экономическое единство, то "начал бы с культуры, а не экономики".

Чтобы способствовать развитию диалога между людьми, мы поддерживаем не только академический обмен студентами, учеными, а также выделяем стипендии студентам, а также способствуем развитию культурной жизни, которая делает людей более близкими друг к другу.
К 850-летию Москвы мы посадили более 100 деревьев вокруг Большого театра. Мы были очень рады, когда во время разбивки парка мэр Москвы Ю. Лужков сказал: Этот подарок был лучшим из тех, что получила Москва. Он раскрыл сердца москвичей.

Сотрудничая с Гете-институтом, мы поддержали проведение в Москве концерта Штутгартской академии имени И.С. Баха, который состоялся 10 октября. Вы можете увидеть недалеко отсюда плакат об этом событии.

Кроме того, мы поддерживаем концертное турне членов ансамбля Людвигбургской придворной музыки, который вместе с симфоническим оркестром им. П.И.Чайковского 16 и 17 декабря под руководством профессора Вольфганга Генневайна исполнят реквием Иоганна Брамса.

Приглашаю вас всех принять участие в этом культурном обмене, который мы собираемся провести. Позвольте сделать еще одно замечание: насколько важную роль играет время в международной конкуренции, настолько важно и то, к каким конкретным результатам будут приходить симпозиумы, подобные сегодняшним. Разрешите мне поэтому считать этот симпозиум первым импульсом к последующему обмену идеями и мнениями. Предлагаю в будущем регулярно встречаться в "Форуме диалога германо-российских ученых и студентов". „Даймлер-Бенц“ готов поддержать осуществление этой идеи.

Нам нужен диалог. Этот диалог - хорошая возможность для России и „Даймлер-Бенц“, а потому и для нашей страны, научиться глубже понимать происходящие преобразования в экономике и обществе и сделать правильные выводы. Процесс глобализации нужно использовать для международного сотрудничества и транснационального диалога, для сохранения и развития двустороннего духовного и культурного взаимопонимания.

Перевод Алексея Пономарева, студента 3 курса СвРГИП.
Übersetzung: Alexej Ponomarjov, Student des 3. Studienjahres des FRDIP

Jürgen Wilke[*]

Die Entwicklung der neuen Medien in Deutschland

Erst wenige Jahre ist es her, seitdem der letzte - inzwischen muß man fast schon sagen: vorletzte- Schub der kommunikationstechnologischen Entwicklung eine tiefgreifende Veränderung des Mediensystems in der Bundesrepublik Deutschland herbeigeführt hat. Es waren drei Entwicklungen, die bei den elektronischen Übertragungstechniken zusammenkamen und wirksam wurden:

1. Die Zahl nutzbarer terrestrischer Frequenzen ist gegenüber früher größer geworden. Noch vorhandene, bisher blockierte Frequenzen wurden freigegeben bzw. durch Frequenzsplitting die Möglichkeit geschaffen, dieselbe Frequenz mehrfach zu "besetzen".

2. Die Kabeltechnik brachte zusätzlich eine frequenzunabhängige Übertragungsmöglichkeit. Quantitative und qualitative Leistungsunterschiede hängen dabei von der materiellen Beschaffenheit der Kabel ab, das heißt ob es sich um (herkömmliche) Kupferkoaxialkabel oder (fortgeschrittene) Glasfaserkabel handelt.

3. Als weiterer Übertragungsweg hinzu kamen die Satelliten. Sie dienen dazu, von der Erde empfangene Signale aufzunehmen und zurückzuleiten. Quantitative und qualitative Leistungsunterschiede ergeben sich hier ebenfalls aus der materiellen Beschaffenheit, das heißt, ob es sich um Kommunikationssatelliten oder um direktstrahlende (und direkt empfangbare) Rundfunksatelliten handelt.

Insbesondere die zwei letztgenannten technischen Entwicklungen hatten weitreichende Folgen für die Medienangebote und die Mediennutzung in Deutschland. Diese Folgen konnten allerdings nur eintreten, nachdem dem technischen Potential auch politisch ein Entfaltungsspielraum konzediert wurde (wofür außer rechtlichen auch wirtschaftliche Überlegungen spra-

[*] *Prof. Dr., Universität Mainz. Mitglied des Wissenschaftlichen Beirats des FRDIP.*

chen). Dies geschah seit Anfang der achtziger Jahre durch Mediengesetze, die zu einer Deregulierung führten. Im Kern wurde damit das Monopol des öffentlich-rechtlichen Rundfunks beendet, durch Zulassung privater Anbieter das sogenannte duale Rundfunksystem etabliert und damit Wettbewerb im elektronischen Mediensektor bewirkt.

Durch Kabel und Satellit hat die Zahl der Veranstalter und der verfügbaren Programme in Deutschland erheblich zugenommen. Waren es im Fernsehen Ende der siebziger Jahre noch zwei (mit drei Programmen), so haben sich diese inzwischen vervielfacht: Mehrere Vollprogramme, darüber hinaus Spartenkanäle, auch ausländische TV-Programme, so daß in den deutschen Haushalten, je nach technischer Ausrüstung, praktisch dreißig, ja fünfzig verschiedene Kanäle empfangen werden können. Eine Expansion hat zudem in den Programmen selbst stattgefunden (Frühstücksfernsehen, Nachtprogramme). Absolut gesehen noch stärker vermehrt hat sich die Zahl der Hörfunkanbieter. Insgesamt werden in Deutschland heute rund 250 Hörfunkprogramme ausgestrahlt.

Einhergegangen ist mit der Expansion eine Diversifizierung, und zwar in mehrfacher Hinsicht. Neben den aus Gebühren und Werbung gemischt finanzierten öffentlich-rechtlichen Programmen gibt es ausschließlich werbefinanzierte Programme der privaten Anbieter, aber auch durch Entgelte finanziertes privates Pay-TV. Inhaltlich bestehen außer den Vollprogrammen verschiedene Spartenkanäle und Formatradios, die sich nur an bestimmte Zuschauer- und Hörerkreise wenden. Mit einem Kinderkanal sowie einem Ereignis- und Dokumentationskanal (Phoenix) werden Spartenangebote, bisher Aktionsfeld privater Anbieter, auch von ARD und ZDF angeboten.

Die Einführung des dualen Rundfunks in Deutschland hat erhebliche Veränderungen in der Mediennutzung der Bevölkerung heraufbeschworen. Nicht daß sich die Zeit, die zum Beispiel vor dem Fernsehgerät täglich verbracht wird, beträchtlich ausgeweitet hätte, wie einige zuvor befürchteten. Die Sehdauer ist nur geringfügig angestiegen. Doch dem größeren Programmangebot entsprechend, sind die Marktanteile neu verteilt worden. Vor allem die großen privaten TV-Programme haben den öffentlich-rechtlichen Programmen Zuschauer weggenommen. Aber auch durch Abspaltung bestimmter Zielgruppen ist eine stärkere Fragmentierung des Publikums eingetreten.

II.

Noch sind die Folgen der bisher betrachteten kommunikationstechnologischen Entwicklung nicht zum Stillstand gekommen, da kündigt sich in ihr bereits ein neuer Schub an. Er firmiert unter dem Kennwort "Multimedia". Bezeichnet wird damit, daß bisher getrennte Kommunikationstechniken miteinander verschmelzen. Was sich abzeichnet, ist eine Integration unterschiedlicher Verschlüsselungs- und Übertragungstechniken. Zusammengeführt werden dadurch gesprochene Sprache, geschriebener Text, Unterhaltungselektronik, Telekommunikation und vor allem Computertechnik.

Welches sind die technischen Ursachen dieses neuen Schubs? Ohne auf Details einzugehen, seien hier die wesentlichen genannt.

1. Durch die Digitalisierung werden elektronische Signale in eine Folge binärer Zeichen umgewandelt. Damit wird die Übertragung weitgehend unabhängig von potentiellen Störungen, was eine Qualitätssteigerung von Ton und Bild bewirkt. Darüber hinaus erlaubt die Digitalisierung, die für die Übertragung notwendigen Signale zu reduzieren. Unwichtige oder redundante Signale können weggelassen werden. Auf diese Weise findet eine Datenkompression statt, die den Kapazitäts- und Speicherungsbedarf von Übertragungstechniken verringert, zugleich die Übermittlungsgeschwindigkeit und Zugriffsmöglichkeit weiter beschleunigt. Der Preis für die Datenkompression ist eine beträchtlich höhere Rechnerleistung.

2. Um die digital kodierten Ton- und Bildsignale übermitteln zu können, bedarf es entsprechend tauglicher Übertragungswege. Dazu können Breitbandkabel oder digitale Satelliten dienen. In Deutschland bietet die Telekom seit Ende der achtziger Jahre ISDN an, das Integrated Services Digital Network, ein, wie der Name sagt, diensteintegrierendes digitales Fernmeldenetz. ISDN ermöglicht, auf einem einzigen Basisanschluß mehrere getrennte Dienste ablaufen zu lassen. Während zum Beispiel auf einem Kanal telefoniert wird, kann gleichzeitig auf einem anderen Kanal ein Fax versendet werden. Nicht für alle multimedialen Kommunikationsmöglichkeiten ist ein ISDN-Anschluß zwingend erforderlich.

3. Seit Herbst 1995 steht auch der erste digitale Satellit zur Verfügung (Astra 1 E). Im April 1996 folgte ein weiterer; schon vorher hatte Eutelsat, die Gemeinschaftsorganisation der europäischen Telekommunikationsgesellschaften, den digitalen Satelliten Hot Bird 1 in Position gebracht. Über die Trans-

ponder dieser Satelliten können mittels Datenkompression größere Pakete von Programmen (bis zu mehreren hundert) abgestrahlt werden.

4. Damit die digital übermittelten Signale beim Fernsehgerät wieder in analoge zurückgewandelt werden können, ist ein Zusatzgerät vonnöten, das als Set-Top-Box oder einfach als Decoder bezeichnet wird. Es handelt sich dabei um einen kleinen, leistungsfähigen Computer, der zwischen Satellitenbuchse und Fernsehgerät geschaltet werden muß. Um die Herstellung und den Vertrieb dieses Decoders hat sich in den letzten Jahren ein langwieriger Streit abgespielt. In diesem Streit ging es selbstverständlich nicht nur um die Einnahmen beim Verkauf dieser Geräte, sondern auch darum, wer über den Zugang der potentiellen Anbieter zum Decoder entscheidet.

5. Eine wesentliche Triebfeder der Multimedia-Entwicklung sind Computertechnik und Datenverarbeitung. Gerade indem der Personal Computer mit massenmedialen Verbreitungstechniken verschmolzen wird, ergibt sich eine Symbiose, die für die Kommunikation bisher ungeahnte Perspektiven eröffnet hat. Letztlich läuft diese Entwicklung auf multimediale Endgeräte hinaus, in dem die Funktionen eines Fernsehgeräts mit denen eines modernen Personal Computers verbunden sind. Dadurch entsteht gewissermaßen ein "intelligentes Fernsehgerät" bzw. ein "fernsehtauglicher PC".

III.

Folgen haben die neuen Techniken zunächst für die Kommunikationsmöglichkeiten. Sie werden bei diesen abermals eine Expansion herbeiführen. Dabei sind drei Bereiche der Anwendung zu unterscheiden. Nur einer davon ist der herkömmliche Mediensektor. Daneben stehen aber Anwendungen in Arbeitswelt und geschäftlichem Bereich sowie in der Individualkommunikation. Diese Trennung in verschiedene Bereiche hat freilich etwas Willkürliches. Denn kennzeichnend für Multimedia ist gerade, daß die alten Grenzen zwischen Massenkommunikation und Individualkommunikation verschwimmen.

Was den Mediensektor betrifft, erstrecken sich die Veränderungen wieder auf verschiedene Dimensionen. Zunächst einmal können die neuen Techniken dazu dienen, schon vorhandene Programmangebote (in größerer Qualität) zu verbreiten. Dies ist der Fall, wenn zum Beispiel die etablierten Fernsehsender seit kurzem ihre Sendungen in digitaler Form ausstrahlen. Auch beim Digitalen Radio kann man bereits verfügbare Radioprogramme empfangen, allerdings völlig störungsfrei und in hoher Klangqualität. Dies verbessert künftig insbesondere den Radioempfang, wenn man mit dem Auto unterwegs ist. Doch bietet die Digitalisierung hier auch die Möglichkeit für Zusatzangebote, beispielsweise können auf einem mit dem Autoradio verbundenen Display weitere Informationen sichtbar gemacht werden. Wenn Zeitungen und Zeitschriften ihre für den Druck vorbereiteten Seiten am Computerbildschirm zugänglich machen, so erscheint dies ebenfalls als eine andersartige Verbreitung eines vorhandenen Produkts.

Davon abzuheben sind Angebote, welche die Medien unter Verwendung neuer (oder anderer) Techniken zusätzlich machen. Als Beispiel sind hierfür die inzwischen zahlreichen Online-Dienste der Rundfunkanstalten zu nennen. Das ZDF betreibt einen solchen in Kooperation mit MSNBC, einem Zusammenschluß der Softwarefirma Microsoft und des amerikanischen TV-Senders NBC. Ähnliche Zusatzleistungen bieten auch mehr und mehr Presseorgane. Ziel dieser Dienste ist es, dem Nutzer Informationen zugänglich zu machen, die über die in den Standardangeboten enthaltenen hinausgehen. Hierdurch kann man seine Kenntnisse erweitern oder vertiefen, Hintergrundwissen in Datenbanken abrufen oder Service-Leistungen nachfragen.

Drittens kommt es durch die multimedialen Techniken zu neuen Kommunikationsangeboten. Wie die zuvor angeführten Beispiele aber schon gezeigt haben, sind die Grenzen zwischen Veränderungen bei den bisherigen "alten" Medien und den Innovationen durch "neue" Medien fließend. Zu den letzteren wird man vielleicht die kommerziellen Online-Dienste (CompuServe, America Online, T-Online) zählen. Es handelt sich dabei um Fernmeldeangebote, die gegen Gebühren über Telephonleitung und Modem am PC Informationen verschiedenster Art - Datenbanken, Zeitungsartikel, Reiseinformationen und viele andere Serviceleistungen - nutzbar machen. Hohe Aktualität und ständige Verfügbarkeit zeichnet sie aus. Den wesentlichen Vorteil, den sie gegenüber dem Internet haben, ist, daß die Inhalte in eine Ordnung gebracht sind. Das Internet, das weltweit umfangreichste Netzwerk der (Computer-)Netzwerke, ist dagegen zwar kostengünstiger, aber chaotischer. Hier hat man es sozusagen mit einem riesigen "Faß" zu tun, das mit allen möglichen Inhalten angefüllt werden kann, vom persönlichen Brief (e-mail) über die Gruppendiskussion (Newsgroups) bis zu Nachrichten und Mitteilungen für ein Massenpublikum.

Nicht ganz neu als Speichermedium ist die CD-ROM. Aber auch sie befindet sich in einer multimedialen Weiterentwicklung. Die CD-Interactive (CD-I) speichert neben Sprache und Musik auch Daten und Videoinformationen. Die Einführung der Digital Video Disc (DVD) steht bevor. Ihre Technik bietet die 26fache Speicherkapazität einer herkömmlichen CD. Die verschiedensten Datenformate können hier kombiniert werden, Musik und Musikvideos, Spielfilme, Videospiele u. a. Noch dient die CD-ROM überwiegend dazu, den Zugriff auf vorhandene Datenbestände auch per Bildschirm zu ermöglichen (und dabei Zeit und Raum zu sparen). Durch die elektronische Verfügbarkeit können diese Daten aber auch anders ausgewertet und kombiniert werden. Mit der technischen Fortentwicklung dürften sich die originären Kommunikationsangebote auf CD-ROM vermehren.

Mehrere neue Angebotsformen verspricht das Fernsehen. Bei Pay per View wählt der Zuschauer aus einem Programm diejenigen Sendungen aus, die er gerne sehen möchte und bestellt diese dann per Telefon (künftig auch per Fernbedienung). Nur für die tatsächlich gesehene Sendung muß gezahlt werden. Es handelt sich hierbei um eine Variante des bereits bekannten Pay-TV (oder Pay per Channel). Davon zu unterscheiden ist Video on Demand. Bei Near Video on Demand wird das gleiche Programm auf mehreren Kanälen zeitversetzt gesendet. Der Zuschauer kann innerhalb eines gewissen Spielraums wählen, wann er dieses Programm einschaltet. True oder Real Video on Demand bezeichnet die technische Möglichkeit, daß sich der Zuschauer individuell von einem Video-Server (einer Art Videobibliothek) ein Angebot abruft, das dann auf seinem Fernsehgerät eingespielt wird.

Veränderungen durch neue Kommunikationstechnologien zeichnen sich - wie schon gesagt - nicht nur im Mediensektor ab. Sie tangieren außerdem in erheblichem Maße die Arbeitswelt und den beruflich-geschäftlichen Bereich. Hier wird sogar, weil die ökonomischen Zwänge dazu drängen, mit einer rascheren Durchsetzung solcher Techniken gerechnet. Im einzelnen kann ich darauf hier nicht eingehen. Ein paar Dinge seien aber kurz erwähnt. Arbeit wird zunehmend dezentral unter Nutzung von Informations- und (Tele-)Kommunikationstechniken verrichtet. Man spricht dabei von Telearbeit oder vom virtuellen Büro. Die Bundesrepublik hinkt mit der Einrichtung von Telearbeitsplätzen nach allgemeiner Auffassung hinter anderen Ländern her. Teleshopping ist das Einkaufen mittels Fernseher und Computer über Datenleitung, Fernbedienung oder Telefon. Es bildet eine Mischung aus Werbung und der Möglichkeit für die Zuschauer, den Kaufwunsch sofort in die Tat umzusetzen. Angebote dieser Art gibt es, allerdings machen diese noch keine Gewinne. Homebanking erlaubt, von zu Hause, vom Arbeitsplatz aus oder von unterwegs Bankgeschäfte mittels eines Computers online zu erledigen.

Hierdurch zeichnen sich neue Formen des elektronischen Geldverkehrs ab, bis hin zu Online-Währungen, der "elektronischen Geldbörse" und dem Cyber-Geld.

Als dritten großen Bereich der Anwendung der neuen Kommunikationstechnologien nannte ich vorhin die Individualkommunikation. Hierunter könnte auch schon manches von dem zuvor Gesagten rubriziert werden: Beispielsweise die elektronische Post im Internet. Künftig wird man im Internet auch telefonieren können. Schon seit einigen Jahren in Gebrauch ist der Mobilfunk, für den in Deutschland mehrere Netze freigegeben wurden. Weitere Entwicklungen, die hier zu nennen wären, sind Bildtelefon und Videokonferenzsysteme. Das Telefon jedenfalls besitzt in den Multimedia-Ansätzen in vielfacher Hinsicht eine maßgebliche Funktion.

IV.

Die Verschmelzung der neuen Kommunikationstechniken bedingt - zumindest im Prinzip - eine gründliche Veränderung. Der Rezipient muß in Zukunft nicht mehr so wie früher ein vorgefertigtes Programm oder Angebot hinnehmen, sondern er kann mehr selbst bestimmen und gestalten, was er aufnehmen will. Man spricht in diesem Zusammenhang von "Interaktivität".

Sieht man genauer hin, so zeigt sich, daß die interaktive Nutzung bei den Multimedia-Angeboten in recht unterschiedlichem Maße möglich ist. Das heißt, es gibt verschiedene Stufen der Interaktivität. Auf der untersten Stufe geht es nur darum, aus vorgegebenen Programm-Alternativen auszuwählen. Werden parallel zum Fernsehbild Zusatzinformationen übertragen (zum Beispiel Videotext), verlangt deren Abfrage vom Zuschauer schon eine (rudimentäre) Aktivität. Auf der dritten Stufe wird das Fernsehgerät zur Abrufstation von digital gespeicherten Medieninhalten, die sich der Nutzer über sein Fernsehgerät per Breitband-Kabelnetz oder per Satellit abrufen kann. Eine eingebaute Regiefunktion gestattet gegebenenfalls, aktiv in den Programmablauf einzugreifen, zum Beispiel Kameraperspektive und Bildausschnitt selbst zu wählen und unter verschiedenen inhaltlichen oder formalen Varianten eine bestimmte zu bevorzugen.

Offen ist freilich, wieviele Leute aus dem Publikum der herkömmlichen Massenkommunikation überhaupt aktiviert werden wollen. Sowohl aus Anlage als auch aus Gewöhnung sind vermutlich nicht wenige geneigt, sich den Medien gegenüber weiter passiv zu verhalten und sich "berieseln" zu lassen.

Die Interaktivität reduziert sich bei ihnen weitgehend auf die Benutzung der Fernbedienung. Doch ist die Passivität vieler kein Argument, Interaktivität im Umgang mit den Medien nicht zu fördern. Die Technik eröffnet hier jedenfalls neue Handlungsspielräume.

V.

In der Medienlandschaft wandeln sich mit den neuen Kommunikationstechniken nicht nur die Angebote und die Nutzungsformen. Auch bei den Produzenten und Anbietern kommt es zu Veränderungen. Einerseits suchen die bisher vorhandenen Medienunternehmen an den neuen Techniken teilzuhaben und sich Marktanteile zu sichern bzw. diese auszubauen. Dies gilt zum Beispiel in wachsendem Maße für deutsche Zeitungsverlage, die durch Online-Angebote und Formen des elektronischen Publizierens ihre Stellung auch unter den Bedingungen von Multimedia behaupten wollen. Die öffentlich-rechtlichen Rundfunkanstalten sind selbstverständlich ebenfalls an den neuen Kommunikationstechniken interessiert, wobei sie aber durch Rechtsstellung und Programmauftrag gewissen Bindungen unterliegen. Doch die ihnen zugestandene Entwicklungsgarantie wird gerade in diese Richtung ausgelegt. Freier in ihren Entfaltungsmöglichkeiten sind da schon private Programmanbieter. Beherrschend sind hier auf dem deutschen Markt zwei Unternehmen: diejenige von Leo Kirch und diejenige von Bertelsmann. Nachdem beide in der Entwicklung des digitalen Fernsehens zunächst getrennte Wege gingen, haben sie sich letztens - unter dem Einschluß der privatisierten Deutschen Telekom - zusammengetan, um das digitale Fernsehen gemeinsam zu betreiben.

Charakteristisch ist als Folge der Multimedia-Verschmelzung darüber hinaus, daß mit ihr auch eine solche hinsichtlich der beteiligten Organisationen einhergeht. Dabei kommt es zu einer Verbindung bisher getrennter Unternehmensbereiche. Firmen der Unterhaltungselektronik, Softwareanbieter und Telekommunikationsunternehmen, ja auch Energiekonzerne und andere Netzbetreiber schließen sich zusammen. Gerade bei den letztgenannten haben sich in jüngster Zeit sogenannte "strategische Allianzen" herausgebildet. Dadurch sind der Deutschen Telekom Wettbewerber erwachsen für die Zeit nach dem Wegfall ihres Netzmonopols (zum Beispiel Otelo). Zunehmend handeln diese Allianzen länderübergreifend. Angesichts der technischen und finanziellen Dimensionen wird erwartet, daß bei bestimmten Leistungen nur wenige "global players" werden miteinander konkurrieren können.

Die multimedialen Kommunikationstechniken haben somit zu neuen Anbietern und Anbieterformen geführt. Dazu gehören auch die sogenannten Content- und Serviceprovider, die Inhalte für Online-Dienste und das Internet bereitstellen bzw. dafür den Rahmen und die Transportfunktionen schaffen. Diese Betreiber sind allerdings nicht selten im Besitz von ohnehin schon im Mediensystem oder in der Softwareproduktion angesiedelten Unternehmen. Das trifft in Deutschland zum Beispiel auf America Online (AOL) zu, an dem neben der amerikanischen Muttergesellschaft die Bertelsmann AG beteiligt ist. Außer für die großen werden auch für andere Multimedia-Firmen Chancen gesehen. Die rechtlichen Voraussetzungen hat dafür das vor wenigen Monaten beschlossene Multimediagesetz geschaffen, demzufolge Abrufdienste nicht als Rundfunk anzusehen sind und keiner Zulassung bedürfen.

VI.

Damit bin ich bei den wirtschaftlichen Folgen der neuen Kommunikationstechnologien. Während sich die wirtschaftlichen Folgen des (vor-)letzten Umbruchs der deutschen Medienlandschaft anhand zum Beispiel der Expansion der Werbeaufwendungen schon erkennen lassen, ist dies bei der Multimediatechnik noch schwierig. Das hat nicht nur mit dem Entwicklungsstand zu tun, in dem diese sich noch befindet, sondern auch damit, daß der Multimediamarkt schwer abgrenzbar und überschaubar ist. Durch die Verschmelzung sind verschiedene, bisher getrennte Sparten betroffen, deren Trends und Ergebnisse nicht unbedingt gleichförmig sind.

Offensichtlich ist gleichwohl, daß die Informationstechnik ein Wachstumsmarkt ist. Der gesamte Markt der Informations- und Kommunikationsbranche erbrachte in Deutschland 1995 einen Umsatz von 166 Milliarden DM. Dies bedeutete gegenüber dem Vorjahr eine Steigerung um 7 Prozent. Nach Angaben des zuständigen Fachverbandes ist der Markt für Hardware, Software und Dienstleistungen der Informationstechnik im dritten Jahr hintereinander stärker gewachsen als die Wirtschaft insgesamt: 1996 um 6 Prozent auf 83 Milliarden DM, in drei Jahren werden 100 Milliarden DM erwartet.

Laut einer Umfrage des Münchener Ifo-Instituts für Wirtschaftsforschung bleibt die Informations- und Kommunikationstechnik in Deutschland auf Wachstumskurs, auch wenn der Schwung schon etwas nachgelassen habe. Mehr als zwei Fünftel der von dem Institut befragten Firmen bezeichneten kürzlich die Geschäftslage als gut, ein ebenso großer Anteil zeigte sich zuversichtlich für die weitere Entwicklung. Nach Angaben des Deutschen Multimediaverbandes (dmmv) gab es in Deutschland 1995 400 Multimediafirmen, inzwischen sind es bereits mehr als doppelt so viel. Großunternehmen der Werbe- und Medienindustrie setzen große Hoffnungen in die Multimediatechnik. Viele Unternehmen erwarten in den kommenden Jahren steigende Investitionen in Multimediaanwendungen. Gut ein Drittel erklärte, das eigene Budget dafür zwischen 20 und 50 Prozent anheben zu wollen. Zwei Drittel der Multimediaanwender sind überzeugt, daß sich der Aufwand mittelfristig lohnen wird.

Widersprüchlich und umstritten ist allerdings noch, welche Beschäftigungseffekte von den neuen Kommunikationstechniken ausgehen. Daß diese auch Mittel zur Rationalisierung sind und infolge dessen Arbeitsplatzverluste zur Folge haben, wird insbesondere von gewerkschaftlicher Seite befürchtet. Dem stehen Erwartungen gegenüber, diese Techniken seien eine "wahre Jobmaschine". Die Beschäftigtenzahl bei EDV-Dienstleistern stieg im zweiten Quartal 1996 um zwei Prozent. Mehr als ein Drittel der insgesamt befragten Unternehmen erwog nach eigenen Angaben Neueinstellungen. Selbst von Gewerkschaftsseite wird im übrigen bei aller Skepsis eingeräumt, daß es beschäftigungspolitisch "wahrscheinlich noch verheerender" sei, wenn die Gesellschaft den Weg ins Informationszeitalter nicht beschreite.

Юрген Вильке[*]

Развитие новых СМИ в Германии

I

Прошло лишь несколько лет с последнего прорыва в коммуникационно-технологическом развитии, который вызвал глубокие перемены в системе СМИ Федеративной Республики Германии. На это повлияло три новых направления в развитии, которые появились в электронной передающей технике и сразу стали эффективными.

1. Количество полезных эфирных частот увеличилось по сравнению с прежними временами. Еще имеющиеся в наличии, но в прошлом блокировавшиеся частоты, были освобождены, то есть путем разделения частот (сплиттинга) была создана возможность занятия одной и той же частоты по несколько раз.

2. Кабельная техника предоставила дополнительные возможности использовать передающие мощности, не зависимо от частоты. При этом качественные и количественные различия мощностей зависят от материальной структуры кабеля: в данном случае речь идет об обычном медно-коаксиальном или прогрессивном оптоволоконном (оптико-волоконном) кабеле.

3. Следующую возможность для передачи предоставили спутники. Они принимают сигналы с земли и отправляют их назад. Качественные и количественные различия мощностей также определяются материальной структурой: в этом случае речь идет о коммуникационном спутнике связи или прямо передающем (и прямо принимающем) теле- и радио спутнике.

Перспективные последствия для развития СМИ и на их использование оказали в Германии два последних технических новшества. Однако они могли стать реальностью лишь после того, как техническому

---

[*] *Проф. д-р, Институт публицистики универстета имени Иоханнеса Гутенберга в Майнце*

потенциалу стали соответствовать благоприятные политические условия, о чем свидетельствовали не только законодательные, но и экономические решения. Это стало осуществляться с начала 80-х годов благодаря законам о СМИ, которые привели к дерегулированию. Вследствие допуска частных ТРК закончилась монополия общественно-правового телерадиовещания и образовалась так называемая „дуальная“ система телерадиовещания, что привело, естественно, к конкуренции в секторе электронных СМИ.

Благодаря спутнику и кабелю в Германии значительно увеличилось количество создателей каналов и самих программ. Если на телевидении в конце 70-х годов было только два канала (с тремя программами), то за последующий период их число увеличилось во много раз: появилось несколько полных или многопрофильных программ, помимо них - однопрофильные, тематические или специализированные, а также иностранные телепрограммы. Таким образом, в немецких домашних хозяйствах могут приниматься - в зависимости от степени оснащенности - от 30 до 40 разных каналов. Даже в самих программах произошла своего рода революция (утренние телепрограммы, ночные программы). Очевиден и тот факт, что еще более увеличилось количество радиостанций и, соответственно, радиопрограмм. В настоящее время в Германии транслируется 250 радиопрограмм.

Вместе с программными изменениями пришла и диверсификация (разграничение), причем во многих отношениях. Наряду с общественно-правовыми программами, имеющими смешанное финансирование за счет абонементной платы и рекламы, существуют частные телеканалы, финансируемые исключительно за счет рекламы, а также частное платное телевидение - Pay-TV. С точки зрения содержания, помимо полных или многопрофильных программ, существуют различные тематические каналы и т.н. радиоформаты, которые рассчитаны на определенный круг зрителей и слушателей. Детский канал, а также событийный и документальный каналы (Phönix), будучи тематическими и до сих пор являвшиеся прерогативой частных компаний, теперь предлагаются ТРК АРД и ЦДФ.

Внедрение „дуального“ телерадиовещания в Германии изменило подход населения к использованию СМИ. Однако не случилось того, чего опасались некоторые: количество времени, проводимое перед экраном телевизора лишь незначительно возросло. В то же время вследствие увеличения программных предложений доли на рынке распределились по-новому. Выразилось это прежде всего в том, что крупные частные телеканалы отняли зрителей у общественно-правовых ТРК, а также произошла более сильная дифференциация публики из-за отделения определенных целевых групп.

II.

Еще не до конца осознаны и поняты последствия анализировавшегося до сих пор коммуникационно-технологического развития, как в него буквально врывается новое направление под условным названием "мультимедиа". Оно обозначает то, что разделенные до сих пор виды коммуникационной техники объединяются друг с другом. То, что при этом происходит, является интеграцией различной подключаемой и передающей техники. Благодаря этому, в одно целое сливаются разговорная речь, письменный текст, развлекательная электроника, телекоммуникация и прежде всего компьютерная техника.

Каковы технические причины этого нового толчка? Не вдаваясь в детали, следует назвать самые существенные аспекты.

1.Посредством цифрования электронные сигналы преобразуются в двоичную знаковую систему. Передача становится независимой от потенциальных помех, что влечет за собой повышение качества звука и изображения. Кроме того, цифрование позволяет сократить количество необходимых для передачи сигналов. Менее важные и избыточные сигналы могут быть опущены. Таким образом, происходит компрессия данных, которая сокращает потребности передающей техники в объеме и сохранность, а также одновременно повышает скорость передачи и доступа. Цена за компрессию данных - это значительно более высокая вычислительная мощность.

2.Чтобы иметь возможность передачи закодированных с помощью цифр видеосигналов, требуются соответствующие пути транслирования. Для этого может служить широко ленточный кабель или цифровые спутники. С конца 80-х годов ТЕЛЕКОМ использует в Германии ISDN (Integrated Services Digital Network - Служебную цифровую сеть связи). ISDN дает возможность на одном-единственном базисном подключении осуществлять множество самостоятельных операций. Например, если по одному каналу ведется телефонный разговор, то одновременно по другому может отсылаться факс. Подключение к ISDN не является принудительным для всех мультимедийных коммуникационных мощностей.

3. С осени 1995 г. функционирует первый цифровой спутник

(Astra 1 E). В апреле 1996 г. вслед за ним появился другой - цифровой спутник Hot Bird 1, созданный вместо имевшегося до этого Eutelsat, принадлежавшего Объединенной организации европейских телекоммуникационных компаний. С помощью цифровой компрессии через преобразователи этого спутника могут передаваться крупные пакеты программ (до нескольких сотен).

4. Для того, чтобы переданные в виде цифр сигналы опять смогли преобразоваться в телеприемнике в аналоговые, имеется дополнительный прибор, который называется Set-Top-Box или просто декодер. При этом речь идет о небольшом мощном компьютере, который должен быть подключен между втулкой спутника и телеприбором. Вокруг производства и сбыта таких декодеров в последние годы разгорелся жаркий спор. Речь идет, разумеется, не только о доходах от их продажи, но и о том, кто принимает решение о доступе потенциальных клиентов к декодеру.

5.Существенной движущей пружиной развития мультимедиа является компьютерная техника и обработка данных. Именно в то время, когда персональный компьютер сливается в одно целое с мультимедийной техникой распространения, возникает симбиоз, который открывает для коммуникаций неведомые доселе перспективы. В конечном итоге это развитие ориентировано на создание законченного мультимедийного приемника, в котором функции телевизора связаны с функциями современного персонального компьютера. Вследствие этого появится своего рода „интеллигентный (имеется в виду „разумный“ - прим. пер.) телеприемник“ или "телеприемный персональный компьютер".

III.

Новая техника расширяет прежде всего коммуникационные возможности, которые вновь вызовут у нас ее распространение. Следует различать три области применения (новой техники - Прим. ред.). Только одна из них - обычный сектор СМИ. В ряду с ним - производственный сектор и предпринимательская сфера, а также индивидуальная коммуникация. Конечно, в этом разделении на различные секторы есть нечто произвольное, так как примечательным для Мультимедиа является размывание старых границ между массовой и индивидуальной коммуникациями.

Если говорить о секторе СМИ, то изменения распространятся на различные уровни. Во-первых, новая техника может служить для распространения уже имеющихся программ (при более высоком качестве). Это как раз тот случай, когда, например, этаблированные телестанции через некоторое время начнут транслировать свои передачи в цифровой форме. При цифровом радио также можно принимать уже имеющиеся радиопрограммы, во всяком случае без помех и с высоким качеством звучания. В будущем это улучшит радиоприем, если, к примеру, находиться в дороге на автомобиле. Цифрование предоставляет новые возможности и для дополнительных операций, например, на подключенном к авторадио дисплее можно сделать видимой любую информацию. Поскольку газеты и журналы делают доступными на компьютерном экране полосы, подготовленные к печати, то это также представляется как некий иной путь для распространения имеющегося продукта.

Во-вторых, особо при этом следует выделить те услуги, которые СМИ делают дополнительно с применением новой (или другой) техники. В качестве примера здесь можно назвать уже ставшие многочисленными службы Он-лайн, принадлежащие телерадиокомпаниям. ЦДФ имеет такую службу в кооперации с MSNBC - объединенной фирмой Microsoft Software и американской телекомпанией NBC. В большей или меньшей степени аналогичные дополнительные услуги предлагают и печатные органы. Цель таких услуг - сделать доступной для пользователя ту информацию, которая выходит за рамки информации, содержащейся в стандартных предложениях. Таким путем можно расширять или углублять свои знания, вызывать вспомогательную информацию в банках данных или заказывать сервисные услуги.

В-третьих, мультимедийная техника ведет к новым коммуникационным услугам. Но, как уже показали ранее приведенные примеры, границы между требованиями к прежним „традиционным“ СМИ и инновациям благодаря "новым" СМИ расплывчаты. К последним можно, вероятно, причислить коммерческие услуги Он-лайн (CompuServe, America Online, T-Online). Речь идет об услугах в области связи, которая за оплату телефона и модемы на компьтере, предоставляет разную полезную информацию - о банках данных, газетные статьи, информацию о путешествиях и оказывает многие другие сервисные услуги. Их отличают высокая актуальность и постоянная доступность. Существенное преимущество, которое они имеют в сравнении с Интернетом, это то, что содержание приведено в определенный порядок. Самая распространенная во всем мире компьютерная сеть Netzwerk по сравнению с Интернетом является хотя и более дешевой, но более хаотичной. Здесь приходится иметь дело с огромной переполненной „бочкой“ („Faß“), которая может быть напичкана любым содержанием: от личного письма (E-mail), групповой дискуссии (Newsgroups) до новостей и корреспонденций для массовой публики.

Сегодня уже нельзя назвать новым средством в качестве накопителя и хранителя памяти CD-Rom, но и оно то же находится в процессе дальнейшего мультимедийного развития. CD-Interactive (CD-1) накапливает, наряду с языком и музыкой, также цифровую и видеоинформацию. На пороге - внедрение цифровых видеодисков Digital Video Disc (DVD). Их технология предлагает 26-кратную запоминающую мощность по сравнению с обычными компакт-дисками. Здесь могут комбинироваться самые разные форматы данных - музыка и музыкальные видео, художественные фильмы, видеоигры и т.д. CD-ROM также служит удобным средством доступа к информации через изображение на экране (при этом экономятся время и место на диске). Благодаря электронной форме доступа к данным, в них можно легко сориентироваться и также легко комбинировать их. Техническое развитие позволяет увеличить оригинальные коммуникационные возможности CD-Rom.

Новые формы появляются также у телевидения. „Pay per View“ позволяет зрителю самому выбирать из предложенных программ передачи, которые он хочет посмотреть, а потом заказать их по телефону (в будущем - с помощью пульта) . Платить он должен только за фактически просмотренную передачу. В принципе речь идет о варианте уже известного „платного телевидения“ - Pay-TV или Pay per Channel. Но от этой формы нужно отличать „Video on Demand“. Существует два вида таких программ. „Near Video on Demand“ может транслировать одну программу по нескольким каналам, и это позволяет смотреть одну программу, но не одновременно всеми зрителями, а в разное время. Другими словами, каждый зритель сам выбирает, когда ему удобно просмотреть ту или иную программу в установленном промежутке времени. Другой вид - „True или Real Video on Demand“ - обозначает техническую возможность, когда зритель индивидуально для себя выбирает на видеосервере (это - тип видеобиблиотеки) интересующие его передачи, и они будут показаны на его телевизоре.

Появление новых коммуникационных технологий вызвало, как уже отмечалось, изменения не только в секторе СМИ. Они в значительной степени повлияли на деловой мир и профессиональное предпринимательство. Здесь особенно считаются с быстрым внедрением последних технологий, ибо к этому вынуждают чисто экономические причины. Я не буду погружаться в детали, но сделаю некоторые замечания. Благодаря использованию новых информационных и (теле-) коммуникационных технологий, трудовая деятельность становится все более и более децентрализованной. При этом зачастую говорят о телеработе или виртуальном бюро. По всеобщему признанию в области создания телекоммуникационных рабочих мест Федеративная Республика Германия занимает одно из последних мест среди других стран.

„Телешоппингом" (телевизионный магазин - Прим. ред.) называется возможность приобретать вещи посредством телевизора или компьютера через кабель, радиосвязь или телефон. Такая услуга создает некое переплетение рекламы с возможностью для зрителя почти мгновенно осуществить ту или иную покупку. Предложения такого рода, безусловно, существуют, правда, они не приносят пока сколько-нибудь ощутимых доходов. Homebanking позволяет посредством компьютера в режиме online произвести банковские операции из дома, с рабочего места и, даже находясь в пути. В этом - проявление новых форм электронного денежного трансфера вплоть до online-валют, „электронной валютной биржы" и виртуальных денег.

В качестве третьей крупнейшей области применения новых коммуникационных технологий я уже назвал индивидуальную или персональную коммуникацию. Из того, что было сказано ранее, здесь можно выделить следующее: электронную почту в Интернете. В недалеком будущем также станет возможным разговаривать через Интернет. Уже нескольких лет активно используется мобильная связь, которую в настоящее время в Германии предоставляет множество сетей. Следующие шаги в развитии, которые необходимо упомянуть, это видеотелефон и системы видеоконференций. Как видно, в использовании мультимедийных новаций одну из главный ролей занимает телефон и телефонная связь.

IV.

Слияние новых коммуникационных технологий означает - во всяком случае в принципе - коренное изменение. Однако в будущем реципиент не захочет и не должен, как это было до сих пор, принимать уже подготовленные программы и пакеты предложений. Он будет сам определять и заказывать то, что хочет получить. В этой связи нужно говорить об „интерактивности“.

Если повнимательнее присмотреться, то окажется, что интерактивное использование мультимедийных возможностей осуществляется далеко не в равной степени. Это значит, что существуют различные степени интерактивности. На нижнем уровне речь идет только о том, чтобы выбирать интересующие программы из списка предложенных. Если параллельно на телеэкране передается некая дополнительная информация (например, видеотекст), то спрос на них требует от зрителя рудиментарной (зачаточной - Прим.ред.) активности. Это - вторая степень интерактивности. На третьей степени телевизор подключается непосредственно к станции (через широколенточный кабель или спутниковую связь), на которой хранятся программы в дигитальном виде, и которые пользователь может выбирать на свой вкус. Причем встроенные в телевизор функции управления позволяют активно вмешиваться в ход программы: например, самостоятельно выбирать перспективу или часть изображения, предпочитая один вариант другому.

Еще достаточно спорно, сколько людей вообще захотят быть причастными и активными в наступающей массовой коммуникации. Но скорее всего, исходя из определения и сложившейся привычки, немногие склонны к тому, чтобы и далее пассивно воспринимать информацию от средств информации и тем самым позволять себе “пудрить” мозги. С другой стороны, интерактивность достаточно сильно ограничена по своим техническим возможностям, ибо основывается на удаленном управлении. Пассивность многих - не аргумент, чтобы не способствовать развитию интерактивности в общении со СМИ. Но в любом случае, новые технологии открывают новые возможности и перспективы.

V.

Новые коммуникационные возможности на рынке средств массовой информации меняют не только формы спроса и предложения в СМИ, но и работу производителей и поставщиков программ. С одной стороны, существующие информационные концерны стремятся к скорейшему внедрению новых технологий, чтобы тем самым гарантировать долю на рынке или даже увеличить ее. Это легко увидеть на примере немецких газетных концернов, которые посредством online-сервиса и форм электронных публикаций хотят утвердиться в условиях развития Мультимедиа. Общественно-правовое телерадиовещание, разумеется, также заинтересовано в новых коммуникационных технологиях, правда, они испытывают при этом определенные неудобства из-за правового положения и программной политики. Однако появившиеся гарантии развития помогут им выйти из этой ситуации. Более свободны в использовании открывающихся возможностей частные владельцы каналов. Главенствующую роль на немецком рынке занимают два предприятия - Лео Кирха и Бертельсмана. Хотя в развитии цифрового телевидения они шли разными путями, сегодня они работают сообща: решающим фактором явилась приватизация "Deutsche Telecom".

Характерным вследствие "слияния" Мультимедиа является то, что оно связано так или иначе со всеми организациями-участниками. Речь идет о слиянии ранее совершенно различных предпринимательских областей. Фирмы-изготовители развлекательной и телекоммуникационной электроники, фирмы-разработчики программных обеспечений и предприятия связи, а также энергетические концерны объединяются вместе. В последнее время среди вышеперечисленных фирм образуются так называемые "стратегические альянсы". Примером этого служит конкурентная борьба „Дойче телеком", который со временем устранил все препятствия для своих монопольных сетей (Otelo). Растущая активность этого альянса все более и более распространяется за пределы отдельно взятых земель. Исходя из ожидающихся технических и финансовых затрат, лишь определенные достижения масштаба „global payers" смогут конкурировать друг с другом.

Развитие мультимедийных коммуникационных технологий привело также к возникновению новых поставщиков и новых форм предложений. Например, к ним относятся так называемые Content- и Service-Provider, предоставляющие службам online определенное содержание, то есть изготовление программ и вывод их в Интернет, то есть техническую транспортировку данных. Подобные предприятия довольно часто оказываются привнесенными, интегрированными предприятиями в систему СМИ или в производство программных обеспечений. В Германии это непосредственно касается America Online (AOL) - Америка-Онлайн, где наряду с „материнским" американским предприятием задействовано А/О Бертельсмана. Кроме концернов-гигантов шансы в подобной деятельности существуют и для других мультимедийных фирм. Правовые предпосылки к этому подготовил принятый несколько месяцев назад закон, согласно которому электронные службы информации не рассматриваются как телерадиокомпания, а потому не требуется особых разрешений.

VI.

Теперь мы подошли к экономическим последствиям новых коммуникационных технологий. В то время, как уже сегодня можно наблюдать экономические последствия (пред)последнего переворота на рынке СМИ, включая распространение рекламного бизнеса, то же самое, но намного сложнее ожидает сферу мультимедийных технологий. И причина этого не в стадии развития, в которой последние находятся, а в том, что сами по себе границы мультимедийного рынка сложно очертить и проследить. Благодаря выше обозначенному “слиянию” совершенно различных интеллектуальных областей и деятельности, тенденции и результаты этих процессов очень часто не сопоставимы по форме.

Совершенно очевидно, что информационные технологии представляют собой развивающийся рынок. Оборот на общем рынке информационных и коммуникационных отраслей в Германии достиг в 1995 г. отметки в 166 млрд. ДМ. Это означало увеличение по сравнению с предшествующим годом на 7 %. По данным специализированного профсоюза, рынок Software, Hardware и служб, занимающихся обслуживанием информационной техники, возрос за третий год существования намного сильнее, нежели экономика в целом: в 1996 г. - на 6 % (83 млрд DM), через 3 года ожидается объем в размере 100 млрд DM.

Согласно опросу, проведенному Мюнхенским институтом экономических исследований, развитие информационных и коммуникационных технологий по-прежнему направлено на прирост, даже если его первая волна уже снизилась. Более 2/5 всех опрошенных институтом фирм охарактеризовало свое положение дел как “хорошее”, и большой процент из них надеется на дальнейшее успешное развитие. По данным Германского мультимедийного союза (dmmv), в Германии в 1995 г. было 400 фирм, занимающихся новыми информационными технологиями, что, между прочим, почти в два раза больше, чем требует рынок. Крупные концерны рекламной индустрии и СМИ возлагают большие надежды на мультимедийную технику. Многие предприятия ожидают в наступающем году увеличение инвестиций в использование мультимедийных технологий. Добрая треть предприятий объявила, что собирается при помощи этих технологий увеличить отчисления из собственного бюджета от 20 до 50 процентов. 2/3 предприятий, использующих мультимедийные технологии, убеждены, что подобные расходы оправдают себя.

Вызывает много противоречий и еще до сих пор обсуждается проблема, какой эффект произведут новые технологии в сфере занятости. То, что эти новые средства приведут к большей рационализации производства, а потому и к сокращению рабочих мест, особенно волнует профсоюзы. Но в противовес этим прогнозам существует мнение, что подобные нововведения будут настоящим “кладезем рабочих мест”. Процент занятости на EDV-предприятиях возрос во втором квартале 1996 г. на 2 %. Более 1/3 всех опрошенных предприятий предоставили, по их собственным словам, новые рабочие места. При всем скепсисе сами представители профсоюзов признают, что даже с позиции политики занятости., если общество не перешагнет в информационный век, то для общества это „возможно более губительно“.

Перевод на русский язык: Алексей Смирнов и Алексей Пономарев.
Übersetzung: Alexej Smirnov und Alexej Ponomarjov

*Jelena L. Wartanowa**

Neue Medien in Rußland: Aussichten und Hemmnisse

1. Das Für und Wider

Das internationale Wirtschaftsforum, das im Frühjahr 1997 in Davos stattfand, stand im Zeichen neuer Informations- und Kommunikationstechnologien (NIKT). Speziell für das Forum wurden zahlreiche Tabellen zusammengestellt, die den Stand neuer Technologien in mehreren Staaten deutlich machen. Der Informationsbereich, der zur Zeit neben alten Kommunikations- und Informationsmitteln wie Zeitung, Fernsehen und Telefon auch neue Medien wie Computer oder Handy umfaßt, hat die Staaten neu eingestuft. Dabei zeigte sich der Vorsprung der USA beim Zugang zu den NIKT pro 1000 Einwohner besonders deutlich[1].

Wenn man die jüngeren Umwälzungen und Krisen in Rußland bedenkt, erscheint seine Plazierung in dieser Rangliste gar nicht so hoffnungslos. In der Welthierarchie belegt Rußland den 35. Platz, in einzelnen Positionen (zum Beispiel bei der Versorgung der Bevölkerung mit Fernsehern) gehört es den zwanzig führenden Staaten an. Was die Anzahl von Computern, Handys oder auch Telefonen pro 1000 Einwohner angeht, so liegt Rußland weitgehend hinter den Tabellenführern, und so erscheint seine Plazierung im vierten Dutzend nach all den wirtschaftlichen und politischen Erschütterungen des letzten Jahrzehntes keineswegs fatal. Ermunternd wirkt vor allem ein hohes Entwicklungstempo. So meint zum Beispiel der leitende Geschäftsführer der Firma "INTEL" (europäische Vertretung), der russische Markt stehe dem gesamteuropäischen im Einsatz moderner Technologien kaum nach. Anfang 1997 betrug die Spanne zwischen Rußland und Westeuropa in diesem Bereich etwa ein halbes Jahr, 1993 waren es noch über zwei bis drei Jahre[2]. Kennzeichnend ist auch, daß der Verkauf von Computern und Handys sowie die Zunahme der Anschlüsse ans Internet Welttempo erreicht haben, in manchen Bereichen wie „Arbeit im Netz" oder „Bildung neuer Webseiten", liegt Rußland sogar über dem Durchschnittsniveau[3].

Zur Zeit sind in Rußland Bedingungen sowohl für eine erfolgreiche Entwicklung als auch für das Scheitern neuer Technologien vorhanden. Für

* *Dr., Univ.- Dozentin der Fakultät für Journalistik der Moskauer Lomonossow-Universität, Leiterin des Russisch-Finnischen Zentrums*

ein positives Szenario sprechen ein hoher Informationsbedarf der sich rasch entwickelnden Wirtschaft, ein relativ hochentwickeltes System von Satellitenkommunikation sowie die großen geistigen Kapazitäten des Landes. Paradoxerweise spielt auch das bisherige Zurückbleiben Rußlands in der Versorgung mit den NIKT eine besondere Rolle. Der plötzliche Sprung vorwärts ermöglicht es, moderne Technologien gleich einzusetzen, ohne die Notwendigkeit, auf die alten verzichten zu müssen. D. Losinsky, einer der bekanntesten Programmierer Rußlands, sieht in diesem technischen Rückstand einen gewissen Vorteil für die Produzenten von Software: "*...die meisten Fachleute können heutzutage effizienter an neuer Programmaustattung arbeiten und die veraltete Software schneller ersetzen*"[4].

Die Angaben über den Verkauf von Computern in Zentralrußland bestätigen diese paradoxe Meinung. Zur Zeit kauft der russische Konsument die modernsten, leistungsstärksten, eigentlich die teuersten, PCs für sein Zuhause. "Die "Homecomputer" sind meistens denen in den Betrieben nicht nur in der Anzahl von Bestandteilen sondern auch in ihrer Qualität überlegen", heißt es im Wirtschaftsmagazin "Kapital". Beeindruckend ist dabei die Zunahme des Anteils der Homecomputer an der Gesamtzahl verkaufter Computer, der 1997 von 10 bis 15 Prozent auf 25 bis 30 Prozent gestiegen ist. Die sinkenden Preise für die moderne Technik sowie die wachsenden Bedürfnisse der russischen Bevölkerung machen die Infrastruktur des russischen Marktes besonders empfänglich für die modernsten Dienstleistungen im Bereich Information sowie für die Neuen Medien[5].

Der junge russische Markt wird auf einmal in die internationale Wirtschaft integriert, in der die Bereiche Information und Kommunikation einen breiten Raum einnehmen. Ein normales Geschäftsleben erfordert einen vielfältigen Einsatz der NIKT. Dies fördert einen steigenden Verkauf von PCs, eine rasche Entwicklung mobiler Kommunikation (zumindest in den Großstädten), und einen intensiveren Einsatz von Computernetzen in Betrieben und Unternehmen.

Erstaunlicherweise fördert der Verfall alter Maßenmedien, der durch die Liberalisierung der russischen Wirtschaft ausgelöst wurde, eine rasante Entwicklung neuer Medien im Informationsbereich. Die Modernisierung der Produktions- und Vertriebstechnologien bei den Printmedien und der technischen Ausstattung im Rundfunk, eine beschleunigte Vermittlung von Informationen durch die Nachrichtenagenturen - dies alles ist ohne NIKT gar nicht denkbar. Vermutlich werden sich die neuen Maßenmedien (neu sind sie jedenfalls in Rußland, das hinter den westlichen Demokratien zurückbleibt) vorrangig entwickeln. Ein schlagendes Beispiel dazu ist der Satellitensender NTV+[6]. Überraschend war dabei, so einer der Manager des Projekts, der großartig verlaufende Verkauf außerhalb Moskaus. Die russische Provinz zeigte mehr Interesse an dem Satellitensender, als die Hauptstadt. Einen neuen TV- Verbreitungsweg fand man dort vorteilhafter als den alten[7].

Die Entwicklung der eigentlichen neuen Medien in Rußland wirkt auch aufmunternd. Obwohl die Anzahl der e-mail-Nutzer relativ gering ist (1996 waren es etwa 500 000 Einwohner), ist der Gesamttrend beeindruckend: die Zahl der e-mail-Nutzer wird jedes Jahr verdoppelt. Ein ähnlicher Gegensatz zeigt sich auch beim Zugang zum weltweiten Informationsnetz (World Wide Web). 1996 hatten lediglich 40.000 bis 50.000 Personen Zugang zum Netz, doch steigt ihre Anzahl jährlich um das vierfache (dabei wird die Internet-Nutzung in korporativen und akademischen Netzen ausgeklammert). Interessante Angaben hat das Regionale Öffentliche Zentrum für Internet-Technologien ermittelt: im Sommer 1996 machten die Großstädter 85 Prozent der WWW-Nutzer aus. Ende 1996 sank ihr Anteil auf 80 Prozent, wobei der Anteil von Moskauern von 75 Prozent auf 65 Prozent zurückging. Eine intensive Entwicklung des Internet oder ähnlicher Netze kann die krassen Unterschiede zwischen den Großstädten und der Provinz ausgleichen: die Computernetze ermöglichen es, europäische Ausbildung mitten in Rußland - etwa in Jaroslawl oder in Nowossibirsk - zu erhalten[8].

Die guten Zukunftschancen werden durch konkrete wirtschaftliche Probleme überschattet, mit denen Rußland zur Zeit konfrontiert ist. Gerade diese Komplikationen lassen die Möglichkeit eines negativen Szenariums für die Entwicklung der NIKT nicht ausschließen. Das niedrige Durchschnittseinkommen der meisten Russen reicht bestenfalls dazu aus, den alten sowjetischen Fernseher durch ein neueres asiatisches Modell zu ersetzen. Um so mehr entmutigend wirkt die Benutzung der Computernetze: abgesehen von den eigentlichen Kosten der Ausrüstung (die mindestens 1000 US$ ausmachen), zahlt der Nutzer mindestens drei US$ pro Stunde oder 15 US$ monatlich. In einem Staat, in dem die durchschnittlichen Monatslöhne bei 500 US$ liegen, sind solche Aufwendungen kaum leistbar[9].
Ein weiteres, nicht minder schwerwiegendes Hemmnis im Wege neuer Medien bilden die technischen Defizite, insbesondere die geringe Belastungsfähigkeit der Telefonkabel sowie der Kabelnetze (beim Kabelfernsehen), die für eine schnelle Übertragung großer Informationsmengen nicht geeignet sind, und ein in vielen Teilen Rußlands unzureichender Anteil der Haushalte, die an das Telefonnetz angeschlossen sind. Im Durchschnitt haben nur zwei Drittel der russischen Haushalte

Telefonanschluß, auf 1000 Einwohner kommen lediglich 180 Telefone. Die Situation unterscheidet sich stark je nach der Region. Am besten ist die Hauptstadt versorgt, sie weist den höchsten Anteil der ans Telefonnetz angeschlossenen Haushalte auf. Darüber hinaus werden in Moskau mobile Kommunikationsmittel eingesetzt. Zugleich gibt es Landesteile, wo die Möglichkeiten telefonischer Kommunikation beschränkt sind. Die Investitionen in diesen Bereich bleiben allerdings unbeträchtlich: 1995 waren es 26 US$ pro Telefon, oder 4,3 US$ pro Person. Nach Einschätzung des Internationalen Vereins für Elektrische Kommunikation braucht der telefonische Bereich in Rußland Investitionen in Höhe von mindestens 12 Mio. US$, um gründlich modernisiert zu werden[10].

Nicht zu vergessen sind auch die geographischen Faktoren. Das flächengrößte Land der Welt mit einer der weltgrößten Bevölkerungszahlen braucht für eine allgemeine Computerisierung seiner Bürger sowohl Geldmittel, als auch Zeit. 1995 rangierte Rußland auf Platz 6 der in Europa verkauften Computer und folgte dabei in der Liste unmittelbar nach Holland. Dennoch bleibt die eigentliche Anzahl von PCs pro 1000 Einwohner laut den jüngsten Einschätzungen gering: 25, während es in den USA 300 Computer sind. Zudem wird darauf hingewiesen, daß die meisten Computer in Rußland in Behörden und anderen Institutionen konzentriert sind, so daß auf 1000 Personen im Durchschnitt lediglich 2,8 bis 3 Homecomputer kommen (in den USA sind es 160 Computer)[11].

2. Der Zugang zu den neuen Technologien - ein Schlüsselproblem neuer Massenmedien

Bislang gibt es keine einheitliche und allgemein akzeptierte Definition für die "neuen Medien" (neue Informations- und Kommunikationsmittel). Sogar zum Begriff selbst bestehen Varianten, unter denen die Bezeichnungen "digitale Medien" und "interaktive Medien"(Hypermedien) am ehesten synonym verwendet werden. Trotz einer Vielzahl von Definitionen einigen sich die Forscher und Praktiker auf folgende Grundmerkmale der neuen Medien:

Diese Medien

1. bieten gleichzeitig Text, Ton und (statisches oder dynamisches) Bild an
2. ermöglichen (bis zu einem gewissen Grad) eine interaktive Kommunikation
3. sind auf ein Display oder auf einen Bildschirm angewiesen[12].

Die Verbreitung Neuer Medien beschränkt sich nicht auf einen Kanal, sondern setzt einen Zusammenschluß verschiedener Kanäle voraus (telefonischer Kabel, Kabelnetze (beim Fernsehen), mobiler Kommunikationsmittel usw.). Sie führt zu einer weiteren Individualisierung des Verbrauchs und läßt dabei die bestehenden Grenzen zwischen dem Produzenten und dem Konsumenten von Information verschwinden[13].

Abgesehen von allen Fragestellungen, Errungenschaften und Problemen, die einen intensiveren Einsatz der NIKT begleiten, akzentuieren die Forscher und Experten einige Schlüsselprobleme, die mit der Entwicklung und mit der Regelung der NIKT verknüpft sind. Es geht um die Probleme der Kontrolle, des Zugangs und der Auswahl[14].

Eine gestärkte wirtschaftliche Kontrolle durch die größten internationalen Unternehmen, die Informationsgüter produzieren, wird durch eine größere Freiheit der Nutzer ausgeglichen, die neue Technologien ermöglicht haben. Das Beispiel Internet zeigt deutlich, daß freie Kommunikation oder freier Informationsaustausch zwischen einzelnen Gruppen oder Personen ohne Rücksicht auf die traditionellen Formen von politischer oder wirtschaftlicher Kontrolle stattfinden kann. Das Problem der Auswahl erhält dabei auch eine neue Dimension, denn die NIKT ermöglichen nicht nur eine immer differenziertere Auswahl von Rundfunksendern, sondern bringen auch Interaktivität in den Fernsehkonsum.

Eine Schlüsselrolle, die für das Verständnis neuer Medien extrem wichtig ist, nimmt auch das Problem des Zugangs ein, das auf mehreren Ebenen zu beobachten ist. Es geht zunächst um den Zugang zu der Informationsinfrastruktur (also zu den Inhalten, die durch die NIKT verbreitet werden), ferner um den Zugang zu der eigentlichen technischen Ausstattung (Hardware) sowie um die Öffnung des Marktes für zahlreiche „Mitspieler" (Produzenten, Provider, Kameraleute), die im Bereich neuer Medien tätig sind[15].

Der ungleichmäßige Zugang zu den NIKT bewirkt eine neue Spaltung innerhalb der Gesellschaft. Sowohl Forscher und Journalisten, als auch Politiker sprechen bereits mit Besorgnis von der Entstehung einer Informationsungleichheit. Neue Kluften bilden sich in der Gesellschaft zwischen den Informationsreichen (haves) und den Informationsarmen (have-nots), zwischen denjenigen, die am Zugang zu den NIKT interessiert sind (wants) und denjenigen, die es nicht wollen (wants-not), zwischen Leuten, die den Umgang mit neuen Technologien beherrschen, und denjenigen, die es nicht schaffen, zwischen der älteren Generation, die ja immer auf gedruckte lineare Texte angewiesen war und der jüngeren, die den Umgang mit Computern nicht selten besser beherrscht, als das eigentliche Lesen und Schreiben[16].

Die Situation in Rußland ist eine völlig eigenständige. Alle Arten neuer Informationsungleichheit kommen heutzutage in Rußland sehr deutlich zum Ausdruck. Dabei unterscheidet sich die staatliche Informationspolitik durch eine spezifisch russische Einstellung gegenüber der Entwicklung der NIKT. Sie konzentriert sich zwar auf die Lösung bestehender Probleme, ahmt aber keineswegs die westeuropäischen oder die nordamerikanischen Muster nach.

3. Die Neuen Medien und die Marktwirtschaft in Rußland

Allen voran sind es die russischen Privatunternehmer, die sich um den Stand der neuen Informations- und Kommunikationstechnologien kümmern. Kein Wunder, zumal die meisten Statistiken über die Situation der neuen Medien durch die Privatunternehmen zusammengestellt werden. Kennzeichnend für die Situation der NIKT in Rußland ist, daß sie hauptsächlich von Körperschaften eingesetzt werden. Die Kundschafter des Internet bilden in Rußland vor allem Geschäftsleute, Journalisten und Beamte. Die selben Bevölkerungsgruppen benutzen am häufigsten auch die russischen Webseiten[17].

So eine Situation ist kaum verwunderlich, denn von den etwa vier Mio. PCs in Rußland sind die meisten in Firmen und Betrieben stationiert, nur 15 bis 20 Prozent von der Gesamtzahl (das sind 400.000 bis 450.000 Computer) werden von der Bevölkerung zuhause eingesetzt. Die größte Computerdichte weist nach wie vor Moskau auf: 70 Prozent aller Computer sind in der Hauptstadt konzentriert. Moskau bleibt zweifellos das bei weitem größte Handels- sowie Intellektuellenzentrum des Landes. Hier sammeln sich über 80 Prozent der gesamtrussichen Finanzen an. Die Moskauer haben ein höheres Einkommensniveau als die Einwohner anderer Landesteile, zugleich sind auf dem Moskauer Markt mehr preiswerte Computersysteme präsentiert, als anderswo in Rußland. Wiederum in der Hauptstadt sind alle gängigen Internet-Provider zu finden, sowie auch die technisch am meisten fortgeschrittenen Mobilfunksysteme (die zwei größten davon arbeiten im GSM-Standard), deren Abonnentenzahl beständig steigt. Allein St. Petersburg könnte der Hauptstadt in dieser Hinsicht Konkurrenz machen: die dortigen Preise für den Mobilfunkservice sind die niedrigsten in Rußland und auch in der Welt[18].

Trotz (oder aber wegen) seines riesigen Investitionsbedarfs wird der russische Telekommunikationssektor zum Schauplatz der erbitterten Kampfe um die Marktführerstellung, die einzelne Privatunternehmen einander liefern.

Ein aktuelles Beispiel dazu wäre der wohl (bekannteste) Skandal des vorigen Jahres, der durch die Versteigerung eines Aktienteils des Staatsunternehmens "Swjasinvest" ausgelöst wurde. Der ehemalige Staatskonzern "Swjasinvest" war an 85 regionalen Telekommunikationsoperatoren beteiligt. Eigentlich genießt er nach wie vor dem staatlichen Operatoren für Fern- und Auslandssprechverkehr "Rosstelekom" eine Monopolstellung im russischen Telekommunikationsmarkt. Nachdem die staatlichen Behörden einen Verkauf von 25 Prozent der "Swjas-Invest"-Aktien beschlossen hatten, signalisierten die größten Privatunternehmen, darunter auch der Most-Konzern, Eigner eines verzweigten Medienreiches, ihre Bereitschaft, an der Auktion teilzunehmen. Die Gewinner der Auktion, nämlich die Konsortien ausländischer (einige westliche Banken, G.Soros) sowie russischer (ONEXIM-Bank) Unternehmen haben zum einen die Staatskasse aufgefüllt, zum anderen auch die ersten privaten Marktführer im russischen Telekommunikationssektor festgelegt. Zugleich zeugte der harte Konkurrenzkampf im Vorfeld der Versteigerung sowie die später gestartete "Beschuldigungskrieg", der gegen die Gewinner der Auktion ausgerichtet war, von einem deutlichen Interesse des jungen russischen Business an der Entwicklung des Telekommunikationssektor[19].

Im Hinblick auf dieses Interesse erscheinen die zunehmenden Investitionen in die neue Branche ganz berechtigt. Die Serviceleistungen, die einen Zugang zum Internet ermöglichen, entwickeln sich gegenwärtig zu einer lukrativen Branche des Informationssektors. Viele der Provider-Unternehmen finden ihr Geschäft profitabel. So haben die registrierten Internet-Nutzer, nach Einschätzungen des Leiters des Russischen Öffentlichen Zentrums für Internet-Technologien (ROZIT) A.Sotow, 1996 ein Gesamteinkommen von 2,5 Mio. US$ im Monat (das sind 30 Mio. US$ im Jahr) eingebracht. Dies verspricht den Internet-Provider gute Zukunftsaussichten, zumal sich diese Zahl ein Jahr darauf verdoppelt hat[20]. Außer den Dienstleistungen, die die Internet-Provider anbieten, gibt es für sie eine Reihe anderer Einkommensquellen wie Bildung und Begleitung der (individuellen) Servers, Verkauf des Zugangs zum Internet, Bildung von Firmennetzen.

Bezüglich der Infrastruktur der Neuen Medien in Rußland fällt auf, daß gerade das Internet von vielen als die Hauptrichtung ihrer Entwicklung betrachtet wird. Dabei geht es meistens um den Textetransfer sowie den e-mail- oder Chat-Service, das heißt, nicht um die Modernisierung bestehender

Kommunikationsmittel oder um ihre Fusion mit neuen Technologien, sondern um die Entstehung wirklich neuer Kommunikationsmittel. Verhindert wird die Ausbreitung des Internet durch das technische Zurückbleiben russischer Telefonnetze, ferner durch die unklaren gesetzlichen Rahmenbedingungen und den Mangel an Investitionen. In der Tat wagen es nur wenige Unternehmen, beim Datentransfer einzusteigen, obwohl dieses Geschäft gute Aussichten verspricht.

Zur Zeit sind in Rußland glaubwürdige Statistiken über die Situation im russischen Internet-Markt nur sehr schwer aufzufinden. Jedenfalls gab es in Rußland Ende 1997, nach Angaben des ROZIT, lediglich 330 Provider. Ihre Serviceleistungen benutzten weniger als 600.000 Personen (das heißt den Zugang zum Internet). Selbstverständlich ist die größte Zahl der Internet-Provider in Moskau registriert worden, wo über 30 Unternehmen in diesem Marktsegment beständig und engagiert wirken. (In den USA sind dagegen über 5.000 Internet-Provider registriert, wobei die Gesamtzahl der dortigen Internetnutzer 30 bis 40 Mio. Menschen ausmacht)[21].

Trotz wachsender Anzahl der Internet-Provider in Rußland bleibt der Moskauer Markt weiterhin von drei Unternehmen dominiert. Die große "Troika" der Originalprovider, bestehend aus "Relkom" (dieses Unternehmen kontrolliert über 30 Prozent des Moskauer Marktes), "Demos" (22 Prozent) und "SowAm Teleport" (16 Prozent), kontrolliert insgesamt rund 90 Prozent des Marktes. Der vierte Bewerber, "Glasnet", der nach Experteneinschätzungen über 14 Prozent des Marktes kontrolliert, tritt ihnen bereits auf die Hacken[22].

Der monopolistische Aufbau des russischen Marktes ist zum einen auf technische Gründe zurückzuführen (alle aufgezählten Unternehmen sind Originalprovider, das heißt sie verfügen über eigene Kommunikationskanäle), zum anderen hat er auch einen historischen Hintergrund. Zwei der drei Marktführer sind die ältesten seiner Branche in Rußland. "SowAm Teleport" entstand 1989 als das erste sowjetisch-amerikanische Computernetz; anfangs wurde es im wesentlichen Maße aus der New - Yorker Finanzwelt unterstützt. Dagegen wurde "Glassnet" 1991 als ein nichtkommerzielles Unternehmen gegründet, daß sich zum Ziel setzte, *"möglichst enge Kontakte sowjetischer Nutzer zu ihren westlichen Freunden, Kollegen und eventuellen Partnern zu fördern"*[23]. Leistungsstarke Computer beider Netze wurden in einigen Städten Rußlands stationiert; seitdem bleiben "SowAm Teleport" und "Glassnet" die einzigen Moskauer Provider, die den Nutzern in den Regionen einen direkten Zugang zu ihren Servern ermöglichen.

Allerdings nimmt die Monopolisierung in der letzten Zeit allmählich zu. Wahrscheinlich steht der russische Internet-Markt sogar vor einer Reorganisierung. Im September 1997 kündigte der überregionale Operator (für) Fernsprechverkehr "RoßTelekom" seine Fusion mit "Relkom" an. In nächster Zukunft plant das neugebackene Unternehmen "RTK-Internet" ganz Rußland ans Internet anzuschließen. Der größte Internet-Provider Moskaus, der mit 150 Informationsnetzknoten in Rußland sowie in den GUS-Staaten Verträge abgeschlossen hat, plant eine Zusammenarbeit mit dem Operator für Fernverbindungen, der inzwischen eine Umgestaltung digitaler Hauptleitungskommunikation durchführt. Beeindruckend ist dabei das Tempo der "Internetisierung" des Landes: bereits 1998 beginnt man mit der Bildung einer überregionalen Netzinfrastruktur, die einen Zugang aller Landesteile zum Internet zu einem einheitlichen Tarif ermöglicht[24].

Dennoch ergeben sich aus einer Analyse, trotz aller rosigen Aussichten, einige Bedenken. Zunächst einmal schafft das junge "RTK-Internet" es bislang noch nicht, seine Kundschaft mit gemieteten Kommunikationskanälen zu versorgen. Praktisch heißt es, daß die relativ hohen Tarife für die Nutzung des Internet sowie eine relativ niedrige Qualität der Telefonverbindung weiterhin bestehen werden. Die von mehreren Telefonoperatoren (darunter auch das Moskauer Telefonnetz) beabsichtigte Einführung des Stundentarifs für Telefongespräche ist ein weiteres Hemmnis im Wege des Internet. Eine drastische Zunahme der Anzahl potentieller Internet-Nutzer wird deswegen nicht erwartet. Dabei ist zu bedenken, daß die kommerzielle Motivation sowohl für die Telefonoperatoren, als auch für die Provider und andere Unternehmen dieser Branche ausschlaggebend ist.

Ferner einigen sich alle westlichen Experten im Bereich Telekommunikation darauf, daß die Dezentralisierung sowie der Wettbewerb die einzig möglichen Instrumente der Telekommunikationspolitik sein können. Eine weitere Monopolisierung würde die hohen Tarife für die Serviceleistungen im Bereich Telekommunikation sowie ihre mangelhafte Qualität konservieren. Jetzt, da die Geschäftsleute ihre "soziale Verantwortung" noch nicht einsehen, soll der Staat die Sorge für den einfachen Bürger übernehmen.

4. Neue Medien und die Staatspolitik der Informationssicherheit

Wenn auch die Position des russischen Staates im Bezug auf die neuen Medien noch nicht ganz klar formuliert ist, so kann sie doch durch die

Erklärung einiger Schlüsselmomente definiert werden. Abgesehen von den unzähligen Erklärungen russischer Politiker über die Bedeutung der Entwicklung des Computernetzes für das heutige Rußland, gibt es einige Schlüsselmomente, die die tatsächliche Einstellung des Staates zeigen. Das erste Moment ist die Erarbeitung einer speziellen Gesetzgebung für den sich entwickelnden Bereich der neuen Medien, das zweite - die Definition des eigenen Verhaltens zu ihnen, das heißt die Formierung der nationalen Politik im Bereich der Neuen Medien. Nach der Erfahrung der westeuropäischen Länder und der USA, strebt der Staat danach, für die privaten, hauptsächlich kleinen und mittleren Betriebe eine günstige gesetzgebende Ordnung unter Beachtung des Konkurrenzprinzips zu schaffen und dabei die ärmeren Bevölkerungsschichten nicht zu benachteiligen. Wie sieht von diesem Standpunkt die Situation in Rußland aus?

Das Kennenlernen der wichtigsten russischen Gesetze im Bereich der Neuen Medien hat unseres Erachtens gezeigt, daß der Staat noch keine klare gesetzgeberische Auffassung besitzt. In der russischen Gesetzgebung gibt es tatsächlich keine Gesetze, die die Tätigkeit der Firmen regeln, die im Bereich der neuen informationellen und kommunikativen Dienstleistungen tätig sind. Teilweise wird dieses Gebiet durch die Gesetze "Über die Massenmedien", "Über das Fernmeldewesen", "Über die Information, die Informatisierung und den Informationsschutz" geregelt[25].

Das vor kurzem verabschiedete Gesetz "Über die Teilnahme am internationalen Informationsaustausch" enthält einige Bestimmungen, die auch für den Informationsaustausch der heutigen Zeit eine Rolle spielen können. Manche Experten meinen jedoch, daß die Grundbegriffe und Formulierungen dieses Gesetzes sich nicht auf den Bereich der Information erstrecken, die über die Netze digital verbreitet wird und somit einige spezifische Besonderheiten bei der Übertragung, der Speicherung oder des Kopierers hat[26].

Das Grundproblem der Neuen Medien in Rußland ist der nicht genau definierte Status der Organisationen, die solche Dienste leisten, wie:
a) der Zugang zu den Computernetzen (Internet)
b) Informationsdienste
c) die Bereitstellung von Leitungen

Obwohl das Gesetz " Über das Fernmeldewesen" die genannten Dienstleistungen im ersten und zweiten Artikel erwähnt, betrifft es im Wesentlichen nur die Bereitstellung von Leitungen. Diese solle unbedingt lizensiert werden, das heißt daß die Vergebung der Lizenzen durch das

Ministerium für das Fernmeldewesen auch für die Firmen gilt, die Informationsleistungen mit den neuen kommunikativen Technologien anbieten. Nur hat die Zuweisung des Zugangs zum Internet oder anderen Netzen und Datenbanken mit der Schaffung eigener Information häufig nichts zu tun. Andererseits bieten die vielen Firmen ganz verschiedenartige Leistungen an. Wenn es auch in diesem Fall kompliziert ist, man muß die Spezifik der Regelungen bestimmen, die bei den verschiedenen Typen von Providergesellschaften angewandt werden.

Zwei Grundprobleme in der stürmischen Entwicklung der neuen Technologien sind, nach der Meinung westeuropäischer und amerikanischer Gesetzgeber, der Schutz der Urheberrechte und der Datenschutz. Die russische Gesetzgebung schenkt ihre Aufmerksamkeit traditionsgemäß den Rechten der Hersteller von Informationsprodukten (Software), aber die Rechte der wachsenden Gruppe der Autoren des "Inhalts" in digitalisierter Form - von Text, Bild und Ton-, der durch die NIKT verbreitet wird, werden noch nach alten Gesetzen geregelt. Also bleibt der wesentliche Teil der Rechtsinhaber im neuen digitalen und interaktiven Kontext unbeachtet. Die Übertragung von Multimediaprodukten über das Netz und der bestimmte Status des elektronischen Outputs bleiben ebenfalls außerhalb der festgelegten gesetzgeberischen Normen[27].

Der wichtigste Schutzmechanismus des Urheberrechtes in Rußland ist die Verteidigung durch die Gerichte. Die Verhandlungen der Fälle zu den Computertechnologien, darunter auch die Fälle über die Verletzung der Urheberrechte in diesem Bereich, bereitet besondere Schwierigkeiten für die Richter, weil es in Rußland so gut wie keine Fachleute dazu gibt. Zur Problemlösung soll die Einführung eines neuen Abschnitts im Strafgesetzbuch bezüglich der Delikte im Computerbereich beitragen[28].

Die Entwicklung der neuen Massenmedien, das zunehmende Angebot ihrer Leistungen und der wachsende Umfang des verbreiteten Inhalts führen natürlich zu immer neuen Problemen ihrer rechtlichen Handhabung. Nicht nur Rußland, sondern alle Länder haben den neuen Forderungen zu entsprechen. Viele Länder betonen auch gesetzlich die Maßnahmen der Selbstregulierung, die sich spontan entwickeln, und die einen bedeutenden Einfluß auf die Praxis des neuen Bereichs ausüben. Andererseits sind die neuen Medien, besonders die Informationsnetze, solch unerwünschten Inhalten wie Pornographie, Gewalt, Werbung usw. zugänglich. Das Verhalten des Staates zu diesen Fragen muß auch bestimmte gesetzliche Formen haben. Auch die russische Wirklichkeit braucht eine entsprechende

Aufmerksamkeit seitens des Staates zu den Fragen, die auch für alle anderen Länder aktuell sind.

An dieser Stelle nähern wir uns dem allgemeineren Problem der Bildung einer staatlichen Politik in Bezug auf die Sphäre der NIKT. Es ist offensichtlich, daß die staatlichen Organe, die die Tätigkeit im Bereich der Telekommunikation regeln (Staatliches Komitee für Kommunikation und Informatisierung, Bundesagentur für staatliche Kommunikation und Information FAPSI, Staatskomission für Technik, Komitee für Informatisierungsspolitik), sich in ihren Tätigkeiten von den jeweiligen behördlichen Erwägungen leiten lassen. Sie können keine einheitlich koordinierte staatliche Politik initiieren. Zudem sind auch die Funktionen dieser Organe vom Gesetzgeber nur unzureichend definiert, was zu einigen Schwierigkeiten in der Praxis führt. Als erste von ihnen ist wohl die Monopolisierung der Tätigkeit zu nennen.

Das Staatskomitee für Kommunikation und Informatisation hält das Monopol im Bereich der Kommunikationskanäle, deswegen hängt die Entwicklung der neuen Medien in vielen Fällen von den Entscheidungen dieser Organisation ab. Ein anderes Problem ist die Vereinheitlichung in der Kontrolle des Informationsschutzes, die Erarbeitung der Telekommunikationssysteme und der Informationsschutz unter dem Dach einer einzigen Behörde. FAPSI, der die Kontrollfunktionen über den Schutz von Informationen und digitaler Systeme obliegt, behält seine Monopolstellung auch in der Erarbeitung von Informationssystemen für Staatsorgane. Nach der Meinung von Rechtsexperten fordert eine normale Entwicklung aber eine Aufteilung der Bereiche der Systemerarbeitung und des Informationsschutzes[29].

Es ist offensichtlich, daß das staatliche Herantreten an die neuen Medien eine überbehördliche und sozial orientierte Sichtweise benötigt. Doch infolge der erwähnten Monopolisierung entsteht eine gewisse Verbehördlichung bei der Formierung einer nationalen Politik. Viele berühmte Forscher machen schon im voraus auf diese nicht nur für die neue, sondern auch für alle andere Medien gefährliche Tendenz aufmerksam. In diesem Zusammenhang führte Professor E. Prochorow den Begriff "Dritte Journalistik" ein, die den gesamtnationalen Interessen entspricht und wirklich die staatliche Politik in diesem Bereich realisiert. Nach seiner Meinung soll der nationale Medienrat eine solche Politik ausarbeiten, der "*mit seiner genau ausgewogenen Zusammensetzung aus Vertretern staatlicher und ziviler Organisationen in einem hohen Maße die gesellschaftlichen Kräfte repräsentiert*"[30].

Die Idee der Verbindung und Ausbalancierung der unterschiedlichen Interessen in der staatlichen Politik zu den neuen Medien drückt auch I.Meljuchin aus. Er glaubt, daß "unsere wichtigste Aufgabe heute darin besteht, eine Verbindung von staatlichen und wirtschaftlichen Mechanismen zu schaffen, die das Wachstum des Informationssektors der Wirtschaft mit sich bringen würde".

Aber das, was wir heute bei der Formierung der staatlichen Politik beobachten können, ist lediglich der behördliche Zugang zu dem Problem. Die nationale Auffassung von Informationssicherheit in Rußland demonstriert die natürlichen "Schutzbestrebungen" der mächtigen Behörden. Es ist völlig klar, daß der Schutz staatlicher Interessen eine natürliche Notwendigkeit ist, die eine spezielle Regulierung in einer Zeit der schnellen Entwicklung der NIKT fordert. Alle in dieser Branche entwickelten Länder diskutieren heute die Methoden des Schutzes staatlicher Interessen bei breiter Nutzung von interaktiven Online-Netzen[31].

Die Doktrin der Informationssicherheit, die im Sommer 1997 an der Sitzung des Sicherheitsrates besprochen war, kann man als Ausdruck der staatlichen Einstellung zu der Informationsbranche und den neuen Technologien bezeichnen. Hier läßt sich das offensichtliche Überwiegen von begrenzenden und sogar verbietenden Maßnahmen beobachten, ein Ergebnis aus der Sichtweise staatlicher Sicherheit. Obwohl die allgemeinen Bestimmungen der Doktrin auch die Rechte der Russen bei der Benutzung der neuen Medien enthält, beschäftigen sich die übrigen Teile mit den "negativen" Seiten und den Mitteln zur Vorbeugung gegen diese.

Es geht um die Gefahr für die Informationssicherheit Rußlands, um "Infokriege" und "Informationswaffen", sowie auch um die Methoden, Mittel und Organisation des Infosicherheitssystems. In diesem Dokument betont man die besondere Rolle einer modernen Informationsinfrastruktur, von Informationsquellen und des Marktes der Informationsdienstleistungen im internationalen Kampf für die Weltführung. Die Doktrin erklärt die Sicherheit vor äußeren und inneren Feinden zur wichtigsten Zielrichtung heutiger staatlicher Informationspolitik[32].

Der Staat definiert, was in seinem Interesse verschlossen sein soll, und das ist normal, wenn gleichzeitig die Interessen aller anderen "Akteure" in Betracht gezogen werden. Das heißt, daß nicht allein die Interessen des Staates und des Marktes wichtig sind. In erster Linie ist die Beachtung der Bürger, Wähler, Nutzer, mit einem Wort, aller Menschen der Gesellschaft wichtig. Der Zugang des einfachen russischen Bürgers zu den NIKT könnte aber in

Frage gestellt werden, wenn die Sichtweise des Staates, der die maximale Kontrolle des digitalen Informationsstroms wünscht, keine sozialen Gegengewichte und Garantien in diesem Bereich findet.

5. Erste Schlußfolgerungen

Die kurze, aber dynamische Geschichte der Entwicklung neuer Informations- und Kommunikationstechnologien in Rußland läßt einige Schlußfolgerungen zu. Es ist offensichtlich, daß die verschiedenen "Akteure" der Gesellschaft - Staat, Wirtschaft, politische und korporative Elite- ihre jeweiligen Interessen verfolgen. Mit der Ausgabe seiner politischen Dokumente sorgt der Staat für die Bewahrung seiner eigenen Sicherheit. Die private Wirtschaft investiert in die neuen Medien nur dann, wenn es Gewinn verspricht. Die russischen Politiker betonen, in Einklang mit westlichen, die Priorität der Entwicklung neuer Informations- und Kommunikationstechnologien in ihren Wahlkampfs - und Alltagsreden.

In diesem komplizierten Wechselspielen und Konfrontationen hat man nur den "kleinen Mann" verloren, den einfachen Nutzer, und damit letztendlich auch die jüngeren gesellschaftlichen Gruppen Rußlands. Wer denkt an die Interessen dieser Gruppen?

Es kann sein, daß sie selbst, ohne auf die verspäteten Entscheidungen der Politiker und wohltätigen Wünsche der privaten Wirtschaft zu warten, eine solche Diskussion anfangen und die Frage nach einer Politik stellen, die den einfachen Menschen in den Mittelpunkt stellt. Das Hauptproblem dieser Politik - das Problem des garantiert allgemeinen, billigen und technisch leichten Zutrittes zu den neuen Technologien- muß vom Standpunkt der allgemeinen Humanität und Demokratie entschieden werden.

Übersetzung aus dem Russischen ins Deutsche
Boris Maximov, Student im 3. Studienjahr des FRDIP
Dascha Brjanzewa, Studentin im 4. Studienjahr des FRDIP
Karsten Gravert, Zusatzstudent des FRDIP - Student an der Universität Marburg (Bundesrepublik)

---

[1] *"Le Monde". Dossier & Documents. 1997, Mai. N 254*

[2] "Финансовые известия". 1996, 1 октября, с. 5.
[3] Зотов А. Российские ресурсы Интернета//Законодательство и практика средств массовой информации. 1996. N 12, с.12-13.
[4] Whitehouse, M. Is Russia Ready for the Millenium?//"The Moscow Times". Business Review. 1997. November, 11, p.I.
[5] "Капитал". Специальный выпуск. 1996. 20-26 ноября, с.5.
[6] NTV (Nezawissimoje Telewidenije) - Erstes private Fernsehen in Rußland.
[7] "Сегодня". 1997, 11 сентября.
[8] Зотов А. Российские ресурсы Интернета//Законодательство и практика средств массовой информации. 1996. N 12, с.12.
[9] "The Moscow Times". Online connections. 1997. September 16, p.8-10.
[10] "Деловые люди". 1997. N 77, с.162.
[11] Мелюхин И. Принципы формирования основ информационного общества в России//Законодательство и практика средств массовой информации. 1997. N 10, с. 1; "Капитал", 1996. 20-26 ноября, с.9.
[12] Collins, R., Murroni, C. New Media, New Policies. Polity Press. 1996, p. 131.
[13] Zum Beispiel: Feldman, T. An Introduction to Digital Media. London - New York. Routledge. 1997, pp. 2-18, 153-159.
[14] Silverstone, R. Future Imperfect: Informations and Communication Technologies in Everyday Life. In: Information and Communication Technologies. Visions and Realities. Ed. by William H.Dutton. Oxford University Press. 1996, p. 219.
[15] Connell, I. Freedom Of Access On The Road To An Information Society. Paper presented at the Colloquy on Information Highways: Between Dream and Reality. Neuchatel. 1997. April, 3-5, p. 5.
[16] Raab, C., Bellamy, C., Taylor, J., Dutton, W., Peltu, W. The Information Polity: Electronic Democracy, Privacy, and Surveillance. In: Information and Communication Technologies. Visions and Realities. Ed. by William H.Dutton. Oxford University Press. 1996, p. 284.
[17] "Мир Интернет". 1996. N 2, с.43-44.
[18] "Капитал", 1996. 20-26 ноября, с.9.
[19] "The Moscow Times". Online connections. 1997. September 6, p.17.
[20] "Мир Интернет". 1996. N 2, с.46.
[21] "Теленет". Приложение к газете "Капитал". 1997. Октябрь, с.16.
[22] "Теленет". Приложение к газете "Капитал". 1997. Октябрь, с.16.
[23] Ganley, G. Unglued Empire. The Soviet Experience with Communications Technologies. Norwood. Ablex Publishing Corporation. 1996, p. 39.

[24] *"Коммерсант-Daily". 1997, 18 сентября, с. 1.*

[25] *Zit nach.: Законодательство Российской Федерации о средствах массовой информации. М., 1996, стр. 7-35, 98-115, 157-168.*

[26] *Мелюхин И. Принципы формирования основ информационного общества в России//Законодательство и практика средств массовой информации. 1997. N 10, с. 3.*

[27] *Zit. nach : Законодательство Российской Федерации о средствах массовой информации. М., 1996, стр. 35-68.*

[28] *Уголовный кодекс РФ. М., 1997, стр. 85-86, 170-172.*

[29] *Карелина М. Есть ли у Интернета правовые проблемы?// Законодательство и практика средств массовой информации. 1996, N 12, стр. 11-12.*

[30] *Прохоров Е. Призрачность бытия: государственная политика в сфере СМИ//Законодательство и практика средств массовой информации. 1997. N 9, с. 3; Мелюхин И. Принципы формирования основ информационного общества в России// Законодательство и практика средств массовой информации. 1997. N 10, с. 2.*

[31] *zum Beispiel: Dokumentationen der Konferenz von Ministern der „Großen Sieben", 6.-9. Juli 1997 in Bonn: Declaration adopted at the Ministerial Conference on Global Information Networks. Bonn. 1997, p. 6. О политике правительства США в области криптографии см. также: Цейтлин Г. Криптография в США// Законодательство и практика средств массовой информации. 1996. N 12, стр. 13-14.*

[32] *Аносов В., Стрельцов А. О Доктрине информационной безопасности Российской Федерации//Информационное общество. 1997. N 2-3, стр. 3-4.*

Е. Л. Вартанова[*]

Новые СМИ в России: перспективы и проблемы развития

1. За и против.

Международный экономический Форум в Давосе, состоявшийся весной 1997 г., прошел под знаком новых информационных и коммуникационных технологий. Специально для этого события были подготовлены многочисленные досье о состоянии новых технологий в разных странах мира. Сфера информации, включающая в себя не только "старые" средства коммуникации и информации - газеты, телевизоры, телефоны, но и более новые - компьютеры, мобильные телефоны, выстроила страны миры в новом порядке, причем факт лидерства США с точки зрения доступа к НИКТ на 1 000 чел. проявился с особой наглядностью[1].

Однако положение России в этом списке - особенно с учетом произошедших здесь кризисных перемен - не кажется слишком удручающим. В мировой иерархии Россия занимает 35-е место, а по отдельным позициям (насыщенность телевизорами) входит даже в число первых 20-ти стран мира. Конечно, по числу компьютеров, мобильных или даже обычных телефонов на 1 000 чел. Россия значительно уступает мировым лидерам, в то же время ее положение в 4-м десятке стран, особенно после всех экономических и политических потрясений последнего десятилетия, не выглядит катастрофичным. Обнадеживает, в первую очередь, высокая динамика развития. Так, генеральный менеджер компании "Интел" в Европе считает, что российский рынок по уровню применения современных технологий в принципе не уступает общеевропейскому. К началу 1997 г. разрыв в этой области между Россией и Западной Европой составлял не более

---

[*] *Кандидат филологических наук, доцент факультета журналистики МГУ, директор российско-финского центра*

полугода, в то время как 4 года назад - не менее 2-3 лет[2]. Показательно, что объемы продаж компьютеров и мобильных телефонов, а также рост числа подключений к Интернет в России достигли мировых темпов, а в некоторых случаях (работа в сети, создание ВЕБ=страниц) даже их превышают[3].

Сегодня в России существуют объективные условия как для расцвета, так и для провала развития НИКТ. К числу позитивных факторов, которые свидетельствуют "за" позитивный сценарий развития НИКТ, можно отнести значительные информационные потребности формирующегося и быстро развивающегося бизнеса, относительно развитую систему космической связи, а также значительный интеллектуальный потенциал страны. Парадоксально, но особую роль играет предшествующее отставание в насыщенности России новыми информационными и коммуникационными технологиями. Быстрый рывок означает возможность сразу же принять передовую технологию без необходимости отказа от старой техники. Д.Лозинский, один из наиболее известных российских программистов, считает компьютерное отставание России своеобразным преимуществом и для создателей "soft-ware": "...большинство специалистов могут сегодня успешнее работать над новым программным обеспечением, легче и быстрее заменяя старое"[4].

Статистика продаж компьютеров в центральной части России дает явное подтверждение такого парадокса. Сегодня российские потребители покупают домой наиболее современные, мощные и, соответственно, дорогие персональные компьютеры: „Домашние компьютеры, как правило, превосходят производственные не только по числу компонент, но и по их качеству“, - отмечает деловой еженедельник "Капитал". Показателен при этом и рост доли домашних компьютеров: в 1997 г. она возросла с 10-15% до 25-30% от общего числа продаваемых машин. Вследствие общего снижения цен на новую технику и удовлетворения растущих потребностей россиян, инфраструктура российского рынка ПК оказывается особенно восприимчивой к самым последним информационным услугам и новым СМИ[5].

Молодой российский рынок в силу объективной необходимости сразу же включается в мировую экономику, в которой сектор информации и коммуникации в настоящее время занимает огромное место.

Нормальная деловая жизнь требует широкого использования НИКТ. Отсюда и быстрые темпы продаж компьютеров, бурное развитие систем мобильной связи (по крайней мере в больших городах), растущее использование компьютерных сетей в офисах.

Парадоксально, но упадок старых СМИ, ставший результатом либерализации российской экономики, неизбежно подталкивает информационный сектор России к быстрому развитию новых СМИ. Обновление производственной и распространительской базы прессы, технической базы теле- и радиовещания, ускорение процесса передачи информации информационными агентствами возможно только на базе НИКТ. Вероятно, что новые (во всяком случае для России, отстающей от развитых рыночных демократий) СМИ получат преимущественное развитие. Пример спутникового канала „НТВ-плюс" весьма показателен. По свидетельству одного из высших менеджеров проекта, неожиданным для них оказался рост продаж вне пределов столичного региона. Российская провинция проявила к спутниковому каналу больший интерес, чем столица. Новый для глубинки способ распространения ТВ оказался для ее жителей более предпочтительным, чем традиционный[6].

Динамика развития собственно новых СМИ в России также внушает определенный оптимизм. Несмотря на то, что абсолютные показатели выглядят не слишком внушительными (по данным 1996 г., услугами электронной почты пользовались примерно 500.000 россиян), рост этих показателей впечатляет. Ежегодно число пользователей электронной почты увеличивается примерно в два раза. Аналогичное противоречие характеризует и проблему доступа к "всемирной информационной паутине" - ВЕБ (World Wide Web). Возможностью доступа к ней в 1996 г. обладали всего 40-50 тысяч индивидуальных пользователей, но их число каждый год возрастает в 4 раза. И это без учета использования Интернета в корпоративных и академических сетях. Любопытные цифры получены Региональным общественным центром Интернет-технологий (РОЦИТ): летом 1996 г. до 85% всех работающих в режиме доступа к информационным узлам всемирной паутины были жителями больших городов. К концу 1996 г. их доля снизилась до 80%, а доля москвичей сократилась соответственно с 75% до 65%. Интернет или аналогичная сеть при интенсивном развитии может способствовать размыванию понятия российской глубинки: посредством компьютерных сетей становится возможным получать образование европейских университетов где-нибудь в глубине России - Ярославле или Новосибирске[7] .

Наличие позитивных перспектив омрачается реальными экономическими проблемами, с которыми сталкивается сегодня Россия. Именно последние являются основой для "негативного сценария" развития НИКТ в России. Низкий уровень доходов большинства россиян позволяет только в лучшем случае обновить телевизор, заменив старую советскую марку на более новую азиатскую. Пессимизм усиливается при взгляде на использование компьютерных сетей: помимо первоначальных затрат на оборудование (по меньшей мере около 1.000 долл.США) пользователь должен платить в лучшем случае $ 3 в час или $ 15 ежемесячной платы. При средней заработной плате по стране, не превышающей 500 долл. США, подобные траты вряд ли окажутся возможными[8] .

Другой, не менее серьезной преградой развития новых СМИ остаются технические факторы, а именно, низкая пропускная способность телефонных кабелей и сетей кабельного ТВ, не приспособленных для быстрой передачи больших массивов информации, а также недостаточный охват телефонами во многих регионах России. В среднем около 2/3 домов россиян подключены к телефонным линиям, а на 1.000 россиян приходится только 180 телефонов. Однако с точки зрения конкретных регионов ситуации весьма различны. Наилучшая ситуация в столичном регионе, где процент охвата населения максимальный, и при этом возможно использование мобильной связи. Существуют же регионы, где возможности телефонная коммуникация ограничены. При этом вложения в телефонию в среднем по России (за исключением Москвы) невелики: в 1995 г. они составляли около 26 $ на один телефонный аппарат, или 4,3 $ на одного человека. По оценкам Международного союза электросвязи, необходимые инвестиции для достижения телефонным сектором России современного уровня необходимы по крайней мере 12 000 млн. долларов[9] .

Нельзя забывать и о географическом факторе. России, самой большой по территории стране мира и одной из крупнейших по населению, потребуются не только ресурсы, но и время, чтобы ее жители оказались полностью компьютеризированными. По данным 1995 г., по объемам продаж компьютеров Россия заняла 6-е место в Европе после Нидерландов, однако в абсолютном выражении эти цифры вовсе не означают, что по количеству компьютеров россияне следуют за голландцами. В среднем число компьютеров на 1.000 человек в России, по последним оценкам, составляет 25, в то время как в США этот показатель равен 300. Отмечается также, что в России основная масса российских компьютеров сосредоточена в учреждениях, и в среднем на 1.000 чел. приходится 2,8-3 домашних компьютера (в США - 160)[10] .

2. Доступ к новым технологиям -- ключевая проблема новых СМИ.

Единого и всеми приемлемого определения "новых медиа" (новых средств информации и коммуникации) пока не существует. Даже сам термин имеет варианты, среди которых наиболее "синонимичными" стали цифровые (digital) медиа и интерактивные мультимедиа (гипермедиа). Несмотря на многочисленность определений, большинство исследователей и практиков сходятся в нескольких базовых характеристиках новых медиа. Они:

- предлагают одновременно текст, звук и образ (как статичный, так и движущийся);

- позволяют, хотя и разной степени, осуществлять интерактивную коммуникацию;

- "привязаны" к экрану -- компьютерному или телевизионному[11].

Распространение новых СМИ не ограничивается одним каналом, а предполагает объединение различных способов (телефонный кабель, кабельная телесеть, мобильная телефония и т.д.), ведет к большей индивидуализации потребления, стирает традиционные функции создателя и потребителя информации[12].

Несмотря на множество вопросов, достижений и трудностей, возникающих в связи с дальнейшим внедрением новых информационных и коммуникационных технологий, исследователи и эксперты выделяют несколько ключевых проблем, связанных с развитием и регулированием НИКТ. Речь идет о проблемах контроля, доступа и выбора[13].

Естественному усилению экономического контроля ведущих транснациональных корпораций, производящих информационные продукты, программное обеспечение и оборудование, противостоит новый уровень свободы пользователей, который обеспечивается новыми технологиями. Пример Интернета демонстрирует возможности свободного общения и получения информации любыми группами или индивидуумами -- поверх традиционных форм экономического или политического контроля. Проблема выбора также рассматривается в новом измерении, поскольку НИКТ не только индивидуализируют выбор вещательных каналов, но и добавляют интерактивность традиционному потреблению ТВ.

Важнейшей в ряду ключевых для понимании новых медиа становится и проблема доступа, которая может быть рассмотрена на нескольких уровнях. Речь идет и о доступе к информационной инфраструктуре (содержанию, распространяемому посредством НИКТ), и о доступе к самим технологическим средствам (hard-ware), и о доступе на рынок многочисленных "игроков", действующих в сфере новых медиа - создателей информации, провайдеров, операторов[14].

Различные уровни доступа к НИКТ приводят к возникновению нового разделения общества. Не только исследователи и журналисты, но уже и многие политики начинают говорить о возникновении информационного неравенства, вытекающего из различных возможностей доступа к НИКТ. Новые пропасти в обществе возникают между информационно богатыми ("haves") и информационно неимущими ("have-nots"), желающими ("wants") и нежелающими ("wants-not") получать доступ к НИКТ, умеющими и неумеющими их использовать, между старым поколением, грамотность которого имеет в своей основе литературный линейный текст, и молодым поколением, компьюютерная грамотность которого часто преобладает над литературной[15] .

Российская же ситуация совершенно иная. Все виды нового информационного неравенства проявляются сегодня в России с особенной яркостью. При этом разрабатываемая политика государства, хотя и концентрируется на серьезных существующих проблемах, отличается ярко выраженным российским взглядом на развитие НИКТ, практически не повторяя западноевропейских или североамериканских подходов.

3. Новые СМИ и рыночная экономика России.

Основной силой, которую сегодня беспокоит состояние НИКТ, остается в России частный бизнес. Не удивительно поэтому, что даже основная статистика о состоянии новых СМИ собирается частными компаниями. Важнейшая черта, характеризующая состояние НИКТ в России сегодня, - это то, что они используются главным образом в корпоративной жизни. Интернетом в России пользуются в первую очередь бизнесмены, журналисты, государственные чиновники. Эти же группы пользователей являются наиболее частыми посетителями российских ВЕБ-страничек[16].

Такая ситуация вполне понятна. Из приблизительно 4 млн. российских компьютеров большая часть установлена в офисах, и только 15-20% (400-450 тыс.) от общего числа используются дома. Самым развитым регионом с точки зрения насыщенности компьютерами остается Москва: 70% всех компьютеров России находятся в столице. Это и не удивительно, поскольку Москва безоговорочно остается деловой и интеллектуальной столицей страны. Здесь сосредоточено более 80% национальных финансовых ресурсов. Москвичи имеют более высокий уровень доходов по сравнению с жителями других регионов России, а на рынке представлено большее число дешевых компьютерных систем, чем где-либо в стране. В столице же находятся основные провайдеры доступа к Интернет, технически самые продвинутые сети мобильной связи (две крупнейших работают в стандарте GSM), число клиентов которых имеет тенденцию к росту. Лишь Санкт-Петербург может конкурировать с Москвой по развитию мобильной телефонии: именно в северной столице цены на ее услуги самые низкие в России и в мире[17].

Несмотря на (а, может быть, и благодаря) необходимости значительных инвестиций, российский телекоммуникационный сектор становится сферой ожесточенной борьбы частных компаний за доминирующее положение. Достаточно вспомнить самый известный скандал 1997 года, связанный с аукционной продажей части акций государственной компании "Связьинвест". "Связьинвест" - бывший государственный концерн, имеющий долевое участие в 85 региональных телекоммуникационных операторах. Фактически до настоящего времени вместе с государственным оператором междугородней и международной телефонной связи "Ростелекомом" он сохраняет монопольное положение на рынке телефонной связи в России. После принятия государством решения о продаже 25% доли акций "Связьинвест", о своем намерении участвовать в аукционе заявили известные частные предприятия, в том числе и концерн „МОСТ", владелец диверсифицированной медиа-империи. Выигрывший аукцион консорциум международных (некоторые западные банки, Дж.Сорос) и российских (ОНЭКСИМБанк) предприятий не только пополнил государственную казну, но и выявил первых частных лидеров на телекоммуникационном рынке России. С другой стороны, ожесточенная конкуренция перед проведением аукциона и последовавшая после него "война компроматов", направленная против победителей, продемонстрировали также горячий интерес молодого российского бизнеса к телекоммуникационному сектору[18].

На фоне откровенной заинтересованности бизнеса в развитии сферы телекоммуникаций представляются закономерными растущие вложения в экономику российской части Интернета. Рынок услуг доступа в Интернет, по оценкам специалистов, развивается как вполне прибыльная отрасль информационного сектора. Многие компании-провайдеры рассматривают этот бизнес как вполне прибыльный. Руководитель Российского общественного центра Интернет-технологий А.Зотов считает, что зарегистрированные российские пользователи приносили в 1996 г. совокупный доход 2,5 млн. долл. в месяц, или 30 млн. долл. в год. При двукратной тенденции роста это дает очень приличные перспективы провайдерам доступа[19]. Помимо услуг операторов доступа к Интернет, существуют и другие вполне ощутимые источники дохода -- создание и сопровождение заказных серверов, продажа доступа к информации, создание корпоративных сетей.

Говоря об инфраструктуре новых СМИ в России, нельзя не признать, что именно Интернет рассматривается многими как важнейшее направление их развития. В большинстве случаев речь идет о передаче текстовых данных, услугах типа электронной почты или общении в режиме реального времени (chat), то есть о возникновении действительно новых средств коммуникации, а не о преобразовании старых в новые или об их конвергенции с новыми. Приобретению Интернетом универсальности препятствует техническое отставание российских телефонных сетей, а также неопределенность законодательных рамок и реальное отсутствие инвестиций. В действительности лишь немногие компании "пробуют себя" на рынке передачи данных, хотя сам этот рынок обещает значительные перспективы.

Сегодня в России довольно сложно найти достоверную статистику, описывающую состояние российского рынка Интернет. Тем не менее, согласно данным РОЦИТ, в России к концу 1997 г. насчитывалось всего 330 провайдеров. Их услугами, т.е. доступом к Интернет, в России пользовалось не более 600.000 чел. Показательно, что максимальное число провайдеров доступа к Интернету зарегистрировано в Москве. Только активно и постоянно действующих компаний здесь насчитывается более 30. Для сравнения приведем данные по США. В этой стране действует более 5.000 провайдеров доступа к Интернет, а общее число пользователей колеблется в пределах 30-40 млн человек[20].

Несмотря на отмеченную тенденцию роста числа российских провайдеров доступа, важнейшей чертой, характеризующей эту сферу, остается доминирование на московском рынке трех компаний. Около 90% рынка контролируется "Большой тройкой" первичных провайдеров -- „Релком“ (контроль над 30% московского рынка), „Демос“ (22%), „СовАм Телепорт“ (16%). Вплотную к ним приближается и „Гласнет“, которой, по оценкам специалистов, принадлежит 14% рынка Москвы[21].

Существующий на российском рынке монополизм объясняется как техническими причинами (все перечисленные компании являются первичными провайдерами, т.е. компаниями с собственными линиями связи), так и историческими обстоятельствами. Две компании являются старейшими в России. „Совам Телепорт“ была создана в 1989 г. как первая коммерческая советско-американская компьютерная сеть, причем на первых этапах своего существования она в значительной степени поддерживалась нью-йоркской финансовой элитой. „Гласнет“, напротив, была основана в 1991 г. как некоммерческое предприятие "для установления более тесных контактов советских пользователей с их западными друзьями, коллегами и возможными партнерами"[22]. Крупные компьютеры обеих сетей были установлены в нескольких городах России, и именно по этой причине „Совам Телепорт“ и „Гласнет“ в настоящий момент остаются практическими единственными московскими провайдерами, которые позволяют осуществлять прямой доступ к своим серверам из российских регионов.

Тенденция к монополизации в последнее время, однако, усиливается. Российскому национальному рынку Интернет, возможно, предстоит новая реорганизация. В сентябре 1997 года национальный оператор дальней связи "Ростелеком" объявил о создании альянса с „Релкомом“. В планах новой компании "РТК-Интернет" -- "интернетизация" России. Крупнейший московский провайдер доступа к Интернет, имеющий договоры со 150 узлами информационной сети на территории России и стран СНГ, планирует соединить свои усилия с оператором дальней связи, который продолжает модифицировать систему магистральных цифровых телекоммуникаций. Скорость осуществления интернетизации страны впечатляет: уже в 1998 г. Начнется формирование национальной сетевой инфраструктуры, обеспечивающей качественный доступ всех регионов России в Интернет по единому тарифу[23] .

И все же, несмотря на внешне радужные перспективы, даже после краткого анализа остаются сомнения. Во-первых, новая компания "РТК-Интернет" не в состоянии пока обеспечить своих пользователей арендованными каналами связи. На практике это означает сохранение достаточно высоких тарифов на пользование Интернетом при достаточно низком качестве связи. Планируемое многими телефонными операторами (в том числе Московской городской телефонной сетью) введение повременной оплаты телефонных разговоров не будет способствовать массовому распространению Интернета. В результате доля его потенциальных пользователей, даже несмотря на возможное увеличение в национальном масштабе, не сможет радикально возрасти. Важно подчеркнуть, что и для телефонных операторов, и для провайдеров доступа, и для других предприятий телекоммуникационного сектора коммерческие соображения являются главными в их деятельности.

Во-вторых, все западные эксперты в сфере телекоммуникаций считают децентрализацию и конкуренцию единственно возможной политикой на телекоммуникационном рынке. Укрепление монополий ведет к сохранению высоких цен при низком техническом качестве телекоммуникационных услуг, предлагаемых массовому пользователю. Именно тогда, когда молодой бизнес еще не осознает своей "социальной ответственности", на сцену должно выйти государство с заботой о рядовом гражданине.

4. Новые СМИ и государственная политика информационной безопасности.

Позиция российского государства по отношению к новым медиа если и не сформулирована достаточно четко, то может быть определена при рассмотрении нескольких ключевых моментов. Несмотря на многочисленные заявления российских руководителей о важности развития компьютерных сетей для современной России, есть несколько других ключевых моментов, которые выражают реальное отношение государства. Первый из них -- создание специального законодательства для развивающейся сферы новых медиа, второй -- это определение собственного отношения к ним, то есть выработка национальной политики в сфере новых медиа. Как показывает практика западноевропейских стран и США, государства стремятся создать благоприятный законодательный режим частному, главным образом, мелкому и среднему бизнесу, охраняя принципы конкуренции, и защитить интересы наиболее обездоленных слоев. Какова же с этой точки зрения ситуация в России?

Знакомство с основными российскими законами, регулирующими сферу новых медиа, показывает, на наш взгляд, что у государства еще не сложилось четкой законодательной концепции. Фактически в российском законодательстве практически не существует законов, которые бы прямо регулировали деятельность компаний, предоставляющих новые информационные и коммуникационные услуги. Частично эта сфера попадает под действие законов "О средствах массовой информации", "О связи", "Об информации, информатизации и защите информации"[24].

Недавно принятый закон "Об участии в международном информационном обмене" также содержит некоторые положения, которые могут быть распространены на сферу обмена информацией в режиме реального времени. Однако некоторые эксперты считают, что основные термины и формулировки данного закона не могут быть полностью распространены на сферу информации, распространяемой по сетям в цифровом виде и имеющей в связи с этим ряд специфических особенностей при передаче, хранении и копировании[25].

Основной проблемой для новых СМИ в России является недостаточная определенность статуса организаций, предоставляющих:

а) услуги по подключению в сети (в том числе и к Интернету);

б) информационные услуги;

в) услуги по предоставлению каналов связи.

Хотя закон "О связи" и упоминает в первой и второй статьях перечисленные виды деятельности, по существу он распространяется только на деятельность по предоставлению услуг связи. Лишь она подлежит обязательному лицензированию, следовательно, порядок лицензирования, осуществляемый министерством связи, распространяется на компании, которые посредством новых коммуникационных технологий предоставляют информационные услуги. Однако часто предоставление доступа к Интернету или иным сетям и базам данных не сопровождается созданием собственной информации. С другой стороны, многие компании предоставляют разные наборы разнотипных услуг. Поэтому в данном случае хотя и трудно, но необходимо определить специфику регулирования, применяемого к разным типам компаний-провайдеров.

Двумя ключевыми проблемами в эпоху бурного развития НИКТ, по мнению западноевропейских и американских законодателей, стали проблемы защиты авторских прав и персональных данных. Защита авторских прав – одна из наиболее нечетко решенных законодательных проблем. Российское законодательство традиционно уделяет внимание правам создателей программных продуктов (soft-ware), однако права растущей группы, а именно авторов "содержания" в цифровой форме -- -- текста, изображения, звука, распространяемых посредством НИКТ, регулируются традиционным законодательством. Тем самым, в новом цифровом и интерактивном контексте применение законов "Об авторском праве и смежных правах" и "О правовой охране программ для ЭВМ и баз данных" оставляет без внимания значительную часть правообладателей. Передача по сетям мультимедийных продуктов, неопределенность статуса электронного издания также остаются за пределами установленных законодательных норм[26].

Основным механизмом защиты авторских прав является в России судебная защита. Рассмотрение в судах дел, связанных с компьютерными технологиями и, в том числе, дел о нарушении авторских прав в этой сфере, вызывает у судей особые затруднения, поскольку в России практически не судей-специалистов по этим вопросам. Решению проблемы отчасти должно способствовать введение в новый Уголовный кодекс раздела о преступлениях в сфере компьютерной информации и ужесточение ответственности за нарушение авторских прав. Однако и до сих пор число квалифицированных судей, способных применять на практике новые положения, совершенно недостаточно[27].

Естественно, что развитие новых СМИ, увеличение числа предоставляемых ими услуг и объема распространяемого ими содержания, постоянно порождает и новые проблемы их регулирования. Все страны, не только Россия, сталкиваются с неизбежностью быстро реагировать на требования времени. Многие страны законодательно подчеркивают важность мер саморегулирования, которые стихийно формируясь, оказывают значительное воздействие на практику новой сферы. С другой стороны, новые медиа, в особенности информационные сети, делают доступным нежелательные виды содержания (порнография, насилие, реклама и т.п.) Отношение государства к этим вопросам также должно принять определенные законодательные формы. Видимо, и российская действительность нуждается в адекватном внимании к вопросам, волнующим все страны, со стороны государства.

Именно здесь мы подходим к более широкой проблеме формирования государственной политики по отношению к сфере НИКТ. Очевидно, что государственные органы, регулирующие деятельность в сфере телекоммуникаций (Госкомитет по связи и информатизации;

Федеральное агентство правительственной связи и информации, ФАПСИ; Государственная техническая комиссия; Комитет по политике информатизации), руководствуются в своей деятельности ведомственными соображениями и не могут выступать инициаторами единой скоординированной государственной политики. Более того, функции этих органов нечетко определены законодательством, что ведет к появлению некоторых практических сложностей. Первой в их числе должна быть названа монополизация деятельности.

Госкомитет по связи и информатизации -- монополист в области каналов связи, поэтому во многих случаях развитие новых медиа упирается в решения именно этой организации. Другая проблема -- объединение контроля за защитой информации, разработки систем телекоммуникаций и защиты информации "под крышей" одного ведомства. ФАПСИ, на которое возложены функции обеспечения контроля за защитой информации и системами шифрований сохраняет свое монопольное положение и в сфере разработки информационных систем для государственных органов. По мнению юристов-экспертов, нормальное же развитие сферы требует разделения секторов разработки систем и защиты информации[28].

Очевидно, что государственный подход к новым медиа в России требует над ведомственного и социально ориентированного видения. Однако следствием упомянутого монополизма становится, на наш взгляд, некоторая ведомственность в формировании национальной политики. О подобной опасности, грозящей не только новым, но и всем существующим в России СМИ предупреждают многие известные исследователи. Профессор Е.Прохоров в связи с этим вводит понятие "третьей журналистики", выражающей общенациональные интересы и реализующей действительно государственную политику в области. По его мнению, разработчиком такой политики должен стать Национальный совет по СМИ "со строго сбалансированным составом представителей государственных институтов и институтов гражданского общества, на высоком уровне представляющем все социальные силы общества". Идею сочетания и баланса различных интересов в государственной политике по отношению к новым медиа выражает также И. Мелюхин. Он считает, что "главная задача сегодня -

- создать такое сочетание государственных и рыночных механизмов, которое привело бы к росту информационного сектора экономики"[29].

Но то, что мы видим сегодня при формирование государственной политики, отражает ведомственный подход. Национальная концепция информационной безопасности России демонстрирует естественные "охранные" устремления силовых ведомств. Совершенно ясно, что защита интересов государства -- естественная необходимость, которая требует специального регулирования в эпоху быстрого развития НИКТ. Все развитые в этой области страны специально оговаривают условия защиты государственных интересов в условиях широкого использования интерактивных он-лайновых сетей[30].

Доктрина информационной безопасности России, обсуждавшаяся летом 1997 г. на заседании Совета безопасности, стала наиболее полным отражением государственного подхода к сфере информации в целом и НИКТ в частности. В отношении последних в ней явно прослеживается преобладание ограничительных и даже запретительных мер, продиктованных соображениями государственной безопасности. Хотя общие положения Доктрины и содержат констатацию общих прав россиян на использование новых медиа, остальные разделы рассматривают "негативные" моменты, приносимые ими и возможности их предупреждения. Речь идет об угрозах информационной безопасности РФ, "информационных войнах" и "информационном оружии", а также о методах средствах и организации системы информационной безопасности. В документе подчеркивается особая роль современной информационной инфраструктуры, информационных ресурсов и рынка информационных услуг в межгосударственной борьбе за мировое лидерство. Доктрина признает, что сегодня главным направлением государственной информационной политики является безопасность от внешних и внутренних врагов в информационной сфере[31].

Государство определяет, что в его интересах должно быть закрыто, и это нормально, когда одновременно учитываются интересы всех остальных „актеров“ в обществе. Это значит, что важны не только интересы государства и рынка. В первую очередь их соблюдение необходимо гражданам, избирателям, потребителям, словом, людям, живущем в обществе. Закрытие доступа к информации без его предшествующего предоставления всем гражданам -- ущемление прав простого пользователя. Доступ рядовых российских граждан к НИКТ может оказаться под вопросом, если взгляды государства, желающего максимально контролировать потоки цифровой информации, не найдут социальных противовесов и гарантий в данной сфере.

5. Первые выводы.

Краткая, но динамичная история развития новых информационных и коммуникационных технологий в России дает основания для некоторых заключений. Очевидно, что разные "актеры" в обществе -- государство, бизнес, политическая или корпоративная элита -- преследуют свои интересы.

Государство, готовя политические документы, заботится о сохранении собственной безопасности. Частный бизнес инвестирует в новые СМИ в тех случаях, когда это приносит ему доход. Российские политики включают заявления о приоритете развития новых информационных и коммуникационных технологий, в унисон с западными, в свою предвыборную и будничную риторику.

В сложных взаимодействиях и противостояниях потерялся только "маленький" человек -- простые пользователи и, в результате, составляемое ими молодое гражданское общество в России. Кто подумает об интересах этого общества? Вероятно, оно само, не дожидаясь запоздалых решений политиков или благотворительных желаний частного бизнеса, должно начать дискуссию и поставить вопрос о выработке такой политики, которая поставит во главу угла обычного человека. В этой политике центральная проблема -- проблема гарантированного всеобщего, недорогого и технически простого доступа к новым технологиям -- должна быть решена с общегуманистической и демократической точки зрения.

Источники

---

[1] "Le Monde". Dossier & Documents. 1997. Mai. N 254.

[2] "Финансовые известия". 1996, 1 октября, с. 5.

[3] Зотов А. Российские ресурсы Интернета//Законодательство и практика средств массовой информации. 1996. N 12, с.12-13.

[4] Whitehouse, M. Is Russia Ready for the Millenium?//"The Moscow Times". Business Review. 1997. November, 11, p.I.

[5] "Капитал". Специальный выпуск. 1996. 20-26 ноября, с.5.

[6] "Сегодня". 1997, 11 сентября.

[7] Зотов А. Российские ресурсы Интернета//Законодательство и практика средств массовой информации. 1996. N 12, с.12.

[8] "The Moscow Times". Online connections. 1997. September 16, p.8-10.

[9] "Деловые люди". 1997. N 77, с.162.

[10] Мелюхин И. Принципы формирования основ информационного общества в России//Законодательство и практика средств массовой информации. 1997. N 10, с. 1; "Капитал", 1996. 20-26 ноября, с.9.

[11] Collins, R., Murroni, C. New Media, New Policies. Polity Press. 1996, p. 131.

[12] См. к примеру: Feldman, T. An Introduction to Digital Media. London - New York. Routledge. 1997, pp. 2-18, 153-159.

[13] Silverstone, R. Future Imperfect: Informations and Communication Technologies in Everyday Life. In: Information and Communication Technologies. Visions and Realities. Ed. by William H.Dutton. Oxford University Press. 1996, p. 219.

[14] Connell, I. Freedom Of Access On The Road To An Information Society. Paper presented at the Colloquy on Information Highways: Between Dream and Reality. Neuchatel. 1997. April, 3-5, p. 5.

[15] Raab, C., Bellamy, C., Taylor, J., Dutton, W., Peltu, W. The Information Polity: Electronic Democracy, Privacy, and Surveillance. In: Information and Communication Technologies. Visions and Realities. Ed. by William H.Dutton. Oxford University Press. 1996, p. 284.

[16] "Мир Интернет". 1996. N 2, с.43-44.

[17] "Капитал", 1996. 20-26 ноября, с.9.

[18] "The Moscow Times". Online connections. 1997. September 6, p.17.

[19] "Мир Интернет". 1996. N 2, с.46.

[20] *"Теленет". Приложение к газете "Капитал". 1997. Октябрь, с.16.*
[21] *"The Moscow Times". Online connections. 1997. September 16, p.10.*
[22] *Ganley, G. Unglued Empire. The Soviet Experience with Communications Technologies. Norwood. Ablex Publishing Corporation. 1996, p. 39.*
[23] *"Коммерсант-Daily". 1997, 18 сентября, с. 1.*
[24] *См.: Законодательство Российской Федерации о средствах массовой информации. М., 1996, стр. 7-35, 98-115, 157-168.*
[25] *Мелюхин И. Принципы формирования основ информационного общества в России//Законодательство и практика средств массовой информации. 1997. N 10, с. 3.*
[26] *См.: Законодательство Российской Федерации о средствах массовой информации. М., 1996, стр. 35-68.*
[27] *Уголовный кодекс РФ. М., 1997, стр. 85-86, 170-172.*
[28] *Карелина М. Есть ли у Интернета правовые проблемы?// Законодательство и практика средств массовой информации. 1996, N 12, стр. 11-12.*
[29] *Прохоров Е. Призрачность бытия: государственная политика в сфере СМИ//Законодательство и практика средств массовой информации. 1997. N 9, с. 3; Мелюхин И. Принципы формирования основ информационного общества в России// Законодательство и практика средств массовой информации. 1997. N 10, с. 2.*
[30] *См., например, документы конференции министров стран "Большой семерки" 6-9 июля 1997 года в Бонне: Declaration adopted at the Ministerial Conference on Global Information Networks. Bonn. 1997, p. 6. О политике правительства США в области криптографии см. также: Цейтлин Г. Криптография в США// Законодательство и практика средств массовой информации. 1996. N 12, стр. 13-14.*
[31] *Аносов В., Стрельцов А. О Доктрине информационной безопасности Российской Федерации//Информационное общество. 1997. N 2-3, стр. 3-4.*

Alexej TURBIN[*]

Neue Medientechniken: werden die Journalisten überflüssig?

Gestatten sie mir, Solidarität mit russischen Klassikern der Ausbildung zum Ausdruck zu bringen – Kenntnisse sind wirklich nie überflüssig. Mir gelang es noch, Gebrauch von Information aus dem zur Zeit schon museumsreifen Studienfach «Polygraphische Technik» zu machen – diese Information stammte selbstverständlich aus der Periode, als man sich eine Masseninformatisierung von unserem journalistischen Alltag sogar im gewagten Traum nicht vorstellen konnte. Heutzutage, wenn ich meine Texte blitzschnell mit einem „Pentium-166+" erstelle und formatiere, erinnere ich mich mit der besonderen Genugtuung eines fortgeschrittenen Gesellen an jene Art der Qual beim „technischen Schaffen": bald ist hier ein Absatz überflüssig, bald passen da zwei Zeilen nicht mehr rein...

Als ich Anfang der achtziger Jahre unter anderen aus Büchern des russischen Autoren Wladimir Wojnowitsch erfuhr, daß es Schreibmaschinen gäbe, die Texte nicht nur speichern, sondern auch orthographisch vervollkommnen können, war das außerhalb des menschlichen Begreifens, daß ich diese Technik einmal meistern werde. Dennoch muß man betonen: unser Land war keinesfalls rückständig, was die Anwendung der Spitzentechnologien im Informationsaustausch anbetrifft. Und das nicht nur auf dem Militärgebiet. Ich bin stolz, als Zeuge und eine Art Vordenker am „Übergang zum Gebrauch von Displays", wie man es damals bezeichnete, in der sowjetischen Nachrichtenagentur TASS teilgenommen zu haben. Mir fehlt nach so vielen Jahren der Mut nicht, um zu behaupten, daß bereits 1985 in der TASS ein Computernetz existierte, das nicht viel Gleiches in der Welt gefunden hätte und das Hunderte von „Posten" in der Moskauer Zentrale mit Dutzenden PCs in der ganzen Welt zuverlässig verbunden hatte.

Es sei noch eine wichtige Neuigkeit aus dem Jahre 1987 erwähnt. Ein „task force" von jungen technisch interessierten Mitarbeitern der TASS (die später zur „Hauptredaktion der audio- und visuellen Mitteln" (ORII) heranwuchs), wo auch ich meinen Arbeitsplatz hatte, hat zum erstenmal in der Geschichte

---

[*] *Dipl-Journalist, Chefredakteur des Fernsehprogramms «Navigator», «TV-Zentrum», Moskau*

der russischen Medien Fernsehgeräte und unzuverlässige Moskauer Telephone in einem System verbunden: Informationen von TASS wurden in zahlreiche Betriebe und Behörden durch ein kompliziertes System übermittelt. Der Leser konnte dabei zu jedem Zeitpunkt aus 20 Beiträgen wählen – wenige Minuten nach dem Release der TASS-Mitteilungen wurden sie für tausende Moskauer in einer besonderen Kurzfassung und einer durchaus annehmbaren graphischen Lösung zugänglich.

Die erste Welle der Computerisierung vor der Perestrojka hat mit aller Klarheit einige wichtige ausschließlich nationale Schwierigkeiten offenbart: viele leitende Persönlichkeiten von TASS betrachteten es als eine Art Verstoß gegen ihre Würde, nicht sehr scharfe Buchstaben auf grasgrünen Thomson-Bildschirmen auslesen zu sollen. Unverzüglich verlangten sie „Papier". Eine von Kindheit an in die Denkweise der alten sowjetischen journalistischen Elite hineingeprägte Hochachtung vor dem Staatsgeheimnis hat aus verständlichen Gründen bis zum natürlichen Ende der Perestrojka die Computerisierung von allen mehr oder weniger „geschlossenen" Ausgaben der TASS verzögert.

Diese konservative Einstellung konnte teilweise und Schritt für Schritt nur dank des Präsidenten Michail Gorbatschow überwunden werden. Ende der achtziger Jahre hat er angefangen, von jedem hohem Podium für die „Informatisierung" zu plädieren. Von dieser Zeit an wurde ein elegantes Erzeugnis der Firma IBM zum Pflichtatribut in allen wichtigen Büros. Als Sekretär der Technologischen Kommission der Hauptredaktion der Information aus dem Ausland (GRII) hatte ich seitdem gewichtige „ideologische" Trümpfe im unermüdlichen Kampf gegen Opponenten der „Fernseher mit Knöpfen"[1]

Mir scheint es interessant, ebenfalls die positive Erfahrung der russischen Nachrichtenagentur „Interfax" zu erwähnen: vor drei Jahren gelang es der Agentur, die Ausstrahlung der Nachrichten im „real time"-Regime mit Hilfe einer Rundfunksubfrequenz zu beginnen. Das war eine geistreiche und

---

[1] *Das nicht von allen führenden Kräften der TASS akzeptierte Netz bestand im Grunde genommen aus einem Großkomputer und mehreren «Posten» mit Zugang zu Daten. Das war also eine Art der supermodernen Netzrechner, bei der Anwendung von denen der Nutzer über einen minimalen Satz konventioneller (mit dem Netz nicht verbundener) Ressourcen verfügt. Der Spitzname «Fernseher mit Knöpfen« hatte also einen Grund.*

zugleich sehr russische Lösung – so konnten die Besitzer der größten privaten Nachrichtenagentur des Landes Auszahlung von Riesensummen an einheimische Fernmeldewesen-Monopolisten vermeiden.

Gestatten Sie mir nun eine nicht allzu originelle Bemerkung, die unmittelbar mit der Rolle der Medien in der russischen (wahrscheinlich bereits kapitalistischen) Gesellschaft zusammenhängt. Trotz aller tiefgreifenden Gespräche über Kreativität des Schaffens wurden die meisten von unseren Medienmitarbeitern zu klassischen Proletariern des mentalen Schaffens, die ihre Arbeitskraft auf dem Markt zu verkaufen versuchen. Dabei kann ein Journalist seine lange angestrebte Freiheit nur in dem Maße genießen, wie es sein Arbeitgeber erlaubt[2]. Sehr genau beschreibt die Situation auf russischem Medienmarkt das in bestimmten semikriminellen Kreisen übliche Sprichwort „derjenige, der zahlt, bestellt auch die Musik".

Und nun hat die in unser Leben also hineingestürmte PC-Globalisierung die Freiheit von Medien und Benutzern von Information mehrfach erweitert. Die Grenzen zwischen Video-, Audio- und Textinformation existieren so gut wie nicht mehr – all diese Erreger unserer Gefühlsorgane können mit gleichem Erfolg vom unendlichen Digitalstrom über ferne Ozeane und Staatsgrenzen getragen werden, und zwar blitzschnell. Dabei darf man sich (rein empirisch) ein Bild der absoluten Freiheit des Informationsaustausches erlauben. Beispielsweise in solcher Form: in der ganzen Welt stehen eingeschaltete Videokameras herum, die entsprechende Bilder rund um die Uhr ins Internet liefern[3]. Dem Interessenten bleibt es nur, das Notwendige auszuwählen – die Seite, die Michael Jackson „live" irgendwo in Texas zeigt, oder die, die – absolut abjektiv! - Offenbarungen eines hochrangigen russischen Bürokraten irgendwo im Bezirk Sergiew Posad fixiert.
Das wird aber nie Wahrheit: Herr Jackson verlangt für seine teuerste Abbildung Unsummen, und ein russischer Durchschnittsapparatschik wäre eher

---

[2] Die bis jetzt noch nicht «Privatisierten» Medien sind derzeit in Rußland – nach zahlreichen Skandalen, unter anderen um die Zeitungen «Izwestija» und «Komsomolskaja prawda» – eine Seltenheit und im wahren Sinne des Wortes «Einzelware».

[3] Solche Kameras gibt es inzwischen auch in Rußland – die bekannteste von ihnen liefert im Web ständig ein bewegliches Bild der Hauptstraße der historischen Stadt St.Petersburg, Nevski Prospekt

bereit, Schweigen über seine Geschäfte zu bezahlen, als eine digitale und deshalb „absolute" Wahrheit. Deshalb wird immer eine Notwendigkeit an einem „Redakteur" bestehen – wenigstens in der Funktion, die aus dem verwandten englischen Wort «to reduce» („kürzen") heraufzuführen ist. In einer perfekten informationsgesättigten Zukunft wird der Medienmagnat (oder der Staat) einen Journalisten anstellen – und zwar einen „parteilichen". Er wird sich bei der Arbeit, die er für Nichteingeweihte nach wie vor gerne als ein Funktionieren der „vierten Macht« schildert, von einer „Position" der Vorgesetzten, aber auch hoffentlich von seinem Geschmack und seiner Erfahrung leiten lassen. Er kürzt eine Dreistundenrede und wählt aus 26 Ausschnitten mit dem Star den besten.

Das war kein Fehler meinerseits – das macht ausgerechnet ein „parteilicher" Journalist, denn „Partien" wurden für die Presse fast immer vorgeschrieben. Es hat fast keine Bedeutung, wer konkret diese Routinefunktion erfüllt – die Tatsache ist auch hier das Entscheidende. Im Falle der russischen Quasi-Demokratie wird diese „Parteilichkeit" auf „Haushaltsebene" beispielsweise folgendermaßen rechtfertigt: kein sterblicher Mensch verfügt über genug Zeit, um die ganze Vielfalt der „Bilder" aus dem Internet durchzusehen. „I eto prawilno" („Und das ist wahr"), wie Präsident Gorbatschow in seinen Amtsjahren zu sagen pflegte.

Außerdem werden wir Zeugen einer anderen globalen Entwicklung: das Supernetz wird allmählich nicht nur Grenzen zwischen Massen- und Personenkommunikation löschen, sondern auch – was für die Freiheitskonzepte wichtiger ist – die zwischen dem Medienmensch und dem Leser. Nun kann sich der Leser, der entsprechende materielle Mittel hat und der sich von der Parteilichkeit der Medien übersättigt fühlt, ohne das Haus zu verlassen Journalist werden, indem er seine eigene Webseite anlegt. „Nur Journalist" kann dabei nicht das eigentliche Ziel sein. Unser neuer Kollege kann zugleich zu einem erfolgreichen Verleger heranwachsen – falls seine „Parteilichkeit", die auch zum Teil unabhängig sein kann, von anderen Kommunikationsteilnehmern als nicht zu engagiert empfunden wird. In diesem Falle kann man theoretisch reales (nicht virtuelles) Geld für die Besuche am Homepage verdienen.

Eines steht also fest: in der Internet-Zeit werden Journalisten das unerfreuliche Schicksal der Dinosaurier und Schornsteinfeger nicht teilen – sie sterben nicht aus und wandern nicht auf das Gebiet der Exotik über. Diese Ära kann gewiß Differenzen zwischen verschiedenen Arten des angewandten Journalismus minimalisieren, zum Beispiel zwischen der Netzzeitung und dem Fernsehen. In rein technischer Hinsicht wird das von einem Reporter sowohl Texte, als auch Aufnahmen und Videosnaps verlangen. Klar ist dabei, daß die Vorbereitung universeller Fachleute ein neues qualitatives Niveau der journalistischen Ausbildung beanspruchen wird. In diesem Zusammenhang waren für mich die heutigen Versicherungen des langjährigen Dekans der Fakultät für Journalistik der Moskauer Universität Professor Jassen Sassurski wichtig, daß die Studenten von heute in nächster Zukunft zugleich in mehreren Internet-Fächern unterrichtet werden.

Früher belehrte man in einer Universität, wo man sich Wissen aneignen kann. Früher bestand gerade darin der hohe Sinn der universitären Ausbildung. In der globalen Ära der digitalen Multikommunikation verliert aber die Auswahl der Information ihre erstrangige Bedeutung – nolens volens wird der schreibende oder filmende Journalist seine Leser/Zuschauer mit einem neuen Grad der Genauigkeit und Kompetenz, mit einer perfekten Sprache faszinieren müssen. Darin besteht nach meiner Auffassung eine wichtige Aufgabe der mutigen akademischen Kräfte, die ihr Leben der Ausbildung der Nachwuchspublizisten unter anderen im FRDIP gewidmet haben.

Und nun – eine düstere Vorsage. Nach meiner Meinung, werden politische Institute unseres Land in absehbarer Zukunft versuchen, die sich mit dem Internet für Journalisten erschließende Freiheit zu begrenzen. Ausschreitungen dieser Art sind inzwischen in den USA beliebtes medienpolitisches Diskussionsthema, sämtliche westeuropäische Staaten bleiben nicht zurück. Dabei ist es völlig verständlich, daß sich nicht jede Machtelite die Möglichkeit der Opposition, sich frei und manchmal sogar anonym auszusprechen, gefallen läßt. Außerdem müssen wir Objektivität aufweisen: im hochgepriesenen Internet fehlt es inzwischen nicht an Dummheit und an Pornographie politischer und sinnlicher Art.

Und dennoch sollen wir - nach alter russischer Sitte – trotz alledem Optimisten bleiben: die Globalisierung des Informationsaustausches ist eine der Hoffnungen der Menschheit. Stellen sie sich einmal vor: kein Politiker wird im Internet-Zeitalter seine Freiheit behalten, Menschen offen und ohne Scham anzulügen, wenn er weiß, daß eine gute Hälfte seines Elektorats in der Tasche ein Gerät der Mobilkommunikation hat, mit Hilfe von dem man sehr schnell fast jede faktische Aussage überprüfen kann. Keine Finanzpyramide wird dann wagen, Leichtgläubige mit Lüge über auszahlende Riesenpro-

zentsätze zu rekrutieren – selbstverständlich falls die informationelle Transparenz der Wirtschaft hoch genug sein wird.
Zum Schluß - ein Zitat aus dem populären Oskar-gekrönten russischen Film „Moskau glaubt den Tränen nicht“: ein Fernseh-Kameramann erzählte jahrzehntelang herum, daß bald jede andere Kunst Vergangenheit sein werde, außer dem Fernsehen. Ich rufe aber dazu auf, mit Vorsagen über die glückliche vernetzte Zukunft des globalen Journalismus vorsichtig umzugehen. Es wird für alle ein Segen sein, falls es im historischen Wettstreit von Festplatte und Papier, in der Konkurrenz der Erfindung des genialen Deutschen Johann Gutenberg und der nicht weniger bekannten „Bill Gates & Co« keine Verlierer geben wird.

Ich bedanke mich recht herzlich bei allen Veranstaltern dieser Konferenz, und in erster Linie – bei Dr. Galina Woronenkowa, der Kodirektorin des FRDIP und der wissenschaftlichen Leiterin meiner Diplomarbeit im Jahre 1982, für die Möglichkeit, mit Kollegen Meinungen zu diesem aktuellen Thema der Gegenwart auszutauschen.

Uebersetzung aus dem Deutschen ins Russische : Alexej Turbin

А. И. Турбин[*]

Новые технологии СМИ: Не будут ли журналисты лишними ?

Полностью солидарен с классиками образования - лишних знаний действительно не бывает. Вот и сведения о „цицеро“ и „бабашках“, сообщенные нам во время учебы на факультете во времена, когда о широкой компьютеризации нашего журналистского дела и помыслить было дико, успели мне пригодиться в жизни. А теперь, молниеносно форматируя и верстая страницы на «Pentium-166+», я порой вспоминаю муки «технического творчества»: то здесь строчка не влезает, то там две лишними оказались…

В начале 80-х, узнав из романа Владимира Войновича о том, что есть в природе такие машины, которые тексты и запоминают, и даже вычитывают, я и не предполагал, что когда-нибудь смогу на них работать. Впрочем, не столь уж отсталой была наша страна в деле компьютеризации информационного обмена. Горжусь, что застал самый рассвет «перехода на дисплеи», как тогда выражались, в ТАСС. Смею утверждать, что к 1985 году в крупнейшем советском информационном агентстве работала не имевшая аналогов компьютерная сеть, соединявшая сотни «постов» в московской штаб-квартире и десятки компьютеров (допотопных, впрочем) по всему миру.

Нельзя умолчать и о другой важной новации, которая пришлась на 1987 год. Специальная группа (а затем главная редакция) ТАСС, где мне также посчастливилось работать, впервые в советской практике «соединила телевизоры и телефоны» – тассовские информации посредством сложной, по нынешним временам просто дикой системы, стали передаваться в учреждения и на предприятия. Через считанные минуты после выхода на ленту ТАСС самые важные сообщения в

---

[*] *Главный редактор программы «Навигатор» телекомпании "ТВ Центр" (Москва)*

специальном кратком изложении и во вполне приемлемом оформлении уже были доступны потребителям!
Впрочем, первая волна «доперестроечной» компьютеризации выявила и некоторые сугубо национальные трудности: многие руководители ТАСС считали ниже своего достоинства вглядываться в не очень-то резкие серовато-зеленоватые экраны мониторов и неизменно требовали «бумагу». По причине впитанного с молоком матери сверхбережного отношения к государственной тайне «безбумажная технология» до самого конца перестройки так и не распространилась ни на одно более-менее «закрытое» издание ТАСС.

Это отношение начальства старой школы удалось частично переломить лишь М.С.Горбачеву. Именно он в конце 80-х годов с высоких трибун принялся ратовать за «информатизацию». Теперь руководство всех рангов предпочитало (по меньшей мере «для мебели») украшать свои кабинеты изящными изделиями фирмы IBM. А у меня - как у секретаря технологической комиссии Главной редакции иностранной информации (ГРИИ) - появились вполне идеологически выдержанные козыри в борьбе с противниками «телевизоров с кнопками».

Нельзя обойти вниманием и опыт агентства «Интерфакс». Три года назад оно наладило выпуск своих сообщений в режиме реального времени посредством радиосигнала. Гениальная, но опять же очень русская хитрость – тем самым владельцы частного информационного агентства обошли алчных российских монополистов в области кабельной связи. Это об истории вопроса. Позвольте теперь одно не слишком оригинальное замечание о месте прессы в нашем (видимо, уже буржуазном) обществе. При всех разговорах о творчестве журналист стал у нас классическим пролетарием умственного труда, продающим на рынке свою рабочую силу. И свободой - по вполне понятным причинам - он может пользоваться лишь в том объеме, который для него установил работодатель – владелец средства массовой информации. Более чем уместна применительно к России 90-х годов купеческая, но достаточно точная в своем цинизме поговорка: «Кто платит, тот и заказывает музыку».

И вот стремительно ворвавшаяся в нашу жизнь компьютерная глобализация многократно расширила свободу как журналиста, так и получателя информации. Стерлись грани между визуальной, звуковой и текстовой информацией – все эти раздражители органов чувств с успехом несет в себе нескончаемый поток цифр, молниеносно пересекающий океанские дали и препоны государственных границ. При этом абсолютную свободу получения информации ныне можно представить себе примерно следующим образом: по всему миру включены дигитальные видеокамеры, круглые сутки поставляющие «картинки» в Интернет. Дело интересующегося – лишь выбрать нужную из камер: ту, что следит за концертом Майкла Джексона где-нибудь в Техасе или ту, что фиксирует откровения какого-нибудь российского столоначальника в Сергиево-Посадском районе.

Но этого не будет никогда: Джексон затребует за свое драгоценное изображение бешеных денег, а наш чиновник скорее готов заплатить за молчание о себе, чем за «голую» правду. Потому и нужен «редактор» – хотя бы в функции, вытекающей из английского глагола «to reduce», то есть «сокращать». Потому и в светлом информированном «завтра» неизменно потребуется глубоко „партийный“ журналист, который, руководствуясь установкой свыше, а также своим вкусом и опытом, сократит трехчасовое выступление или выберет из 26-ти планов «звезды» эстрады самый выигрышный.

Я не оговорился – это сделает журналист именно «партийный», поскольку «партии» для журналистов в той или иной степени писались во все времена. И не важно, кем конкретно. А оправдываться эта «партийность» в условиях квази-демократии будет хотя бы тем, что де у публики просто не хватит времени, чтобы охватить по Интернету многообразие картинок, поступающих со всего мира. Вместе с тем, глобальная информационная сеть шаг за шагом будет стирать грани не только между массовой и межличностной коммуникацией, но и между журналистом и читателем. Читатель, пресытившийся партийностью СМИ и имеющий необходимые средства, запросто (не выходя из дома!) может стать журналистом, создав свою страницу в Интернете. И не просто журналистом, но и преуспевающим издателем – если его „партийность“ покажется другим участникам коммуникации менее приторной или более правильной, и за посещение соответствующей homepage уже можно будет брать деньги.

Итак, очевидно одно: профессия журналиста в эру Интернета выживет. Конечно же, эта эра вполне может уничтожить жанровые границы между газетой и телевидением – и, соответственно, потребовать от репортера и текста, и фотографий, и видеосъемок одновременно. Ясно, что такой «человек-оркестр» требует серьезной подготовки – почти каждый журналист в самое ближайшее время должен стать универсалом. В этой связи остается только порадоваться ремарке профессора Ясена Николаевича Засурского – на факультете журналистики будет вводиться сразу несколько курсов по Интернету.

Теперь разрешите поспорить с классикой. В университете теперь будут в меньшей степени учить, где брать знания - в этом раньше заключался высокий смысл университетского образования. Сам по себе сбор информации постепенно утратит свою уникальность – пишущему и снимающему журналисту волей-неволей придется блистать точностью и остротой выводов и высокой компетенцией. А это – еще одна важная задача для тех, кто готовит будущих людей «с «лейкой» и блокнотом».

Хочется поделиться и мрачным прогнозом. Думаю, что уже в ближайшее время профессионалу в нашей области придется столкнуться с попытками политических инстанций обуздать предоставляемую Интернетом свободу. Такого рода законопроекты уже обсуждались в США, близки к этому многие западноевропейские страны. Понятно, что не всякой власти по нраву возможность оппозиции свободно (а порой и анонимно) излагать свои нелицеприятные для элиты воззрения. К тому же – будем объективны – чернухи, плотской и политической мерзости на страницах Интернета уже сейчас предостаточно.

Но все же будем оптимистами, поскольку глобализация информационного обмена – это одна из надежд человечества. Представьте себе: ни один политик не сможет беззастенчиво врать, зная, что у доброй половины его избирателей в кармане прибор мобильной связи, по которому всегда можно проверить почти каждое фактическое высказывание. Ни одна финансовая пирамида не обманет потенциальных «буратин» сказками о массовых выплатах вкладов, если информационная прозрачность экономической сферы позволит в нужный момент уличить ее заправил во лжи.

В заключение напомню слова, которые герой фильма «Москва слезам не верит» твердил десятилетиями: скоро не будет ничего, кроме телевидения. Не будем столь категоричны в прогнозах относительно светлого «сетевого» будущего: пусть в историческом соревновании «хард дисков» и бумаги, в конкуренции изобретения гениального немца Иоганна Гутенберга и не менее талантливого Билла Гейтса не будет побежденных.

Большое спасибо всем организаторам конференции, и особенно – научному руководителю моей дипломной работы, защищенной в 1982 г., директору СвРГИП Г. Ф. Вороненковой за предоставленную возможность обменяться с коллегами мнениями по столь важной проблематике.

*Michail W.Surow**

Zusammenwirken von regionaler und Überregionaler Presse in Rußland

Man könnte meinen, der von mir geleitete Ausschuß hätte keinen Bezug zu dem Thema der heutigen Konferenz. Das stimmt aber nur auf den ersten Blick. Unser Ausschuß behandelte einige Fälle zu den Informationstätigkeiten in den lokalen Medien. Deswegen habe ich allen Grund, Ihnen die Situation darzustellen, die für eine einzeln genommene Region der Russischen Föderation typisch ist.

Ich wurde gefragt, was für einen Platz die überregionale Presse und das Moskauer Fernsehen im Leben unserer Region einnehmen. Kurz formuliert kann ich sagen: einen großen und jedoch keinen einfachen. Ich versuche hier darzulegen, was sich bei uns in Wirklichkeit abspielt. Darüber zu lesen ist eine Sache und zu sehen eine ganz andere. Mit voller Offenheit kann ich sagen, daß wir einerseits einem massiven Angriff der überregionalen Medien ausgesetzt sind und andererseits spüren wir eine bestimmte Lücke dabei. Wir empfangen viele Fernsehprogramme und beziehen Zeitungen aus Moskau. In den Regionen erscheinen Sonderausgaben. Ich kann natürlich über Internet nichts sagen, weil es das bei uns überhaupt nicht gibt. Da habe ich die erste und frische Nummer der *„Nesawissimaja Gaseta“*[α] für die Regionen vor mir liegen. Sie heißt *„NG Regionen“*. Im Zeitungskopf oben steht geschrieben : *Für die Moskauer und Stadtkorrespondenten ist der Weg in diese Zeitung gesperrt*. Das ist wortwörtlich. Die Zeitung soll beim ersten Blick nur für die Regionen bestimmt sein, das heißt, sie soll regionale Leser gewinnen. Sie wird jedoch in Moskau gemacht, obwohl der Weg für die *„Hauptstadtkorrespondenten gesperrt“ ist.*

Stört das eigentlich die Bezirksmedien? Auf der Bezirksebene geht etwas anderes vor. Die Bezirksmedien müssen eigene Leser, Hörer und Zuschauer in den Kreisen gewinnen. Um dies erreichen zu können, begann die bei uns

* *Abgeordneter der Volksversammlung des Bezirkes Wologda, Vorsitzender des Ausschusses für staatlich-rechtliche Tätigkeit, Gesetzlichkeit und Menschenrechte der Stadt Wologda*

erscheinende Zeitung Sonderausgaben für Kreise zu machen. Sofort zeigt sich die übliche Tendenz, nämlich, das Zentrum versucht in den Bezirk und der Bezirk in die Kreise einzudringen.

Die lokalen Medien üben in ihrer Tätigkeit einen eigenen verdoppelten Informationsdruck aus. Der Sender „Premier", der im UKW-Betrieb strahlt und für alle zugänglich ist, sendet beispielsweise die Bezirksnachrichten und legt die russischen und/oder Moskauer Nachrichten aus. Darüber hinaus erscheint die Zeitung unter dem gleichen Titel „Premier", wo die ausgelegten Nachrichten gelesen werden können. Hinter ähnlichen Projekten stehen freilich bestimmte Kräfte, darunter auch die politischen.

Die lokale und regionale Presse wird heute dank dieser bestimmten und dank der kommerziellen Strukturen und nicht ihnen zuwider entwickelt. Im Wologda-Bezirk werden zwei Zeitungen, die man abonnieren kann, ausgegeben. Das Abonnement ist bekanntlich nicht billig. Auf diese zwei kostenpflichtige Zeitungen entfallen neun kostenlose. Das heißt, obwohl man nichts abonniert hat, findet man dennoch neun Zeitungen im Briefkasten. Sie werden von den politischen Parteien und den kommerziellen Institutionen herausgegeben und dabei werden bestimmte Ziele gesetzt.

Heute haben wir viel über die lokalen Medien gesprochen. Es ist jedoch um die lokalen Medien in Rußland und Deutschland ganz unterschiedlich bestellt. Zwischen ihnen kann ein Gleichheitszeichen kaum, viel mehr überhaupt kein Zeichen gesetzt werden. Unsere lokalen Zeitungen sterben einfach, weil sie kein Geld haben. Und es ist unmöglich, das Geld irgendwo zu verdienen, da die Löhne nicht ausgezahlt werden und folglich niemand das Abonnement bezahlen kann.

Wie all diese Probleme, die ich erwähnt habe, gelöst werden sollen, weiß ich nicht, das bewegt uns doch sehr. Ich danke Ihnen für die Aufmerksamkeit.

Fragen aus der anschließenden Diskussion an Herrn Surow:

Nikolaj N.Jelkin (Hörfunk „Stimme Rußlands"): Wie verhält man sich überhaupt zur Moskauer Presse in Wologda? Wenn negativ, dann ist es nicht aus den Grunde, daß die Zeitung Wologda nicht erreicht?

Surow: Ich verfüge über keine genauen Information darüber. Aus den Forschungen ist bekannt, daß die beliebteste Zeitung in der Region *„Argumenty i fakty - AiF“** ist, dann folgen *„SPID-info“*, *„Komsomolskaja prawda“* und *„Trud“*. Unter den zehn meistgelesenen Zeitungen ist die *„Iswesstija“*. Die übrigen Zeitungen sind nicht besonders bekannt. Dies ist aber nicht darauf zurückzuführen, daß jemand die Verbreitung der Moskauer Zeitungen verhindert hätte. Vielmehr handelt es sich um den Wirtschaftsfaktor. Wenn Löhne monatelang nicht ausgezahlt werden, dann ist das Abonnement der Zeitungen, besonders der Moskauer, kostspielig. Die lokalen Medien machen davon Gebrauch, um den Weg für die Zentralausgaben in den Informationsmarkt zu sperren. Ihr Credo lautet: Wir brauchen nichts mitgeteilt zu bekommen, wir berichten alles selbst. Soll etwas in der Duma vorgegangen sein, teilen wir darüber mit und geben unseren Kommentar dazu. Da der Weg für die Moskauer Zeitungen in die Kreise überhaupt gesperrt ist, geben die Kreiszeitungen Info-Blätter für die Landräte aus. In den Regionen wird um dem Informationsmarkt heftig gerungen und dieses Ringen ist besonders dramatisch sowie kostspielig. Die öffentliche Meinung wurde früher von Moskau aus gebildet und jetzt tun dies die Regionen.

Übersetzung: Tatjana Dotsenko

---

[a] ***Addendum***

“Nesawissimaja Gasetta“ (“Die unabhängige Zeitung“) wurde 1990 gegründet als Tochterzeitung von „Moscow-News“. Zur Zeit gehört sie zur Beressowski-Finanzgruppe.

“Argumenty i fakty - AiF“ - („Argumente und Tatsachen“) - Massenzeitung, zur Zeit unabhängige Wochenzeitung. Gehört zur AiF-Verlagsgruppe.

„SPID-info“ - Massenzeitung, wurde 1990 als unabhängige Zeitung gegründet. Millionenauflage

„Komsomolskaja prawda“(„Komsomolzen-Wahrheit“) - traditionelle Jugendzeitung. Bis 1991 Zentralorgan des ZK des Komsomolz. Gehört zur Zeit zur ONNEXIM-Bank.

„Trud“ (“Die Arbeit“) - traditionelle Tageszeitung der Gewerkschaften der Sowjetunion. Wird zur Zeit von einer eigenen Redaktion herausgegeben.

„Iswestija“ („Nachrichten“) - ehemalige traditionelle Regierungstageszeitung.Gehört zur Zeit zur Lukojl-Finanzgruppe.

М. В. Суров*

Взаимоотношения надрегиональной и региональной прессы в России

Вроде бы комитет, возглавляемый мной, не имеет никакого отношения к теме сегодняшней конференции. Но это только на первый взгляд. Наш комитет рассматривал несколько дел, которые касались информационных споров в местных СМИ. Поэтому у меня есть все основания поделиться с вами той ситуацией, которая характерна для отдельно взятого региона Российской Федерации.

Мне в кулуарах задали вопрос, какое место занимает в жизни нашего региона центральная пресса и Московское телевидение. Могу ответить кратко: достаточно большое, но и не простое. Постараюсь обрисовать то, что у нас происходит в действительности. Ведь одно дело читать об этом, другое - видеть. Со всей откровенностью могу сказать, что, с одной стороны, мы подвергаемся довольно массированной атаке со стороны центральных СМИ, с другой - мы ощущаем определенный дефицит в них. У нас принимаются многие программы телевидения и приходят газеты из Москвы. Для регионов выходят специальные издания. Я, конечно, ничего не могу рассказать про Интернет, так как у нас его просто нет. Но вот передо мной - первый и свежий номер «Независимой газеты» для регионов. Она называется «НГ-Регионы». В „шапке“ наверху написано: „Московским и столичным корреспондентам путь в эту газету заказан“. Это - дословно. Вроде бы, на первый взгляд, эта газета только для регионов, т.е. издается для того, чтобы завоевать регионального читателя. Но делается-то она в Москве, хотя путь в нее „столичным журналистам заказан“...

Мешает ли это областным СМИ? На областном уровне происходит другая вещь. Областным СМИ необходимо завоевывать районного

---

* *Депутат собрания Вологодской области, председатель комитета по государственно-правовой деятельности, законности и правам человека (г. Вологда)*

читателя, слушателя и зрителя. Чтобы это осуществить, выходящая у нас газета начала делать специальные выпуски для районов области. То есть наблюдается обычная тенденция: центр пытается проникнуть в область, область - в районы.

Сегодня местные СМИ используют в своей деятельности собственный двойной информационный натиск. Например, радиостанция «Премьер», работающая в режиме УКВ, доступном для всех, передает областные новости, интерпретирует российские и московские новости. Помимо этого, выходит газета под таким же названием «Премьер», где можно прочитать откомментированные материалы. Понятно, что за всеми подобными проектами стоят определенные силы, в том числе и политические.

Развитие локальной и региональной прессы сегодня происходит благодаря определенным политическим и финансово-коммерческим структурам, а не вопреки им. В Вологодской области издается две газеты, на которые можно подписаться. Подписка, как известно, стоит не дешево. На эти две платные газеты приходится 9 бесплатных газет. Это значит: можно ничего не выписывать, но 9 газет в почтовом ящике найти. Они издаются политическими партиями и коммерческими структурами, и, конечно, преследуют определенные цели.

Сегодня много говорилось о локальных СМИ. Однако ситуация с местными СМИ в России и Германии совершенно разная. Между ними не то что знака равенства ставить нельзя, но и вообще никакого знака. Наши местные газеты просто умирают, так как у них нет денег. И заработать их негде, так как не платят зарплату, а значит - на них никто не может подписаться.

В настоящее время возникает вопрос, как защититься от заказных материалов, которые фальсифицируют ситуацию в регионах или подрывают авторитет того или иного политического деятеля. Это делают, как правило, центральные СМИ, поскольку определенная олигархическая финансовая группа имеет к ним доступ и может не только диктовать, как развивать ситуацию в регионе, но и публиковать заказные материалы. В частности, это касается газеты «Известия».

Как решать все эти проблемы, о которых я говорил, не знаю, но нас это волнует.

Вопрос г-ну Сурову М.В.:

Елкин Н.Н.(Радио „Голос России“): Как в целом относятся к московской прессе в Вологде? Если отрицательно, то не потому ли, что она не доходит до Вологды, или это стремление местной элиты взять власть в свои руки?

Суров М.В.: У меня нет точной информации. Согласно исследованиям, известно, что 1-е месте по популярности в регионе занимает газета «Аргументы и факты - АиФ», затем идут „СПИД-инфо“, „Комсомольская правда“ и „Труд“. В десятку наиболее читаемых входит газета «Известия». Остальные газеты известны меньше. Но это происходит не потому, что кто-то препятствует распространению московских газет. Речь идет скорее об экономическом факторе. В условиях, когда месяцами не платят зарплату, выписывать газеты, особенно - московские, накладно. Этой ситуацией пользуются местные СМИ, чтобы не пускать на информационный рынок центральные издания. Их кредо: не нужно нам ничего сообщать, мы все рассказываем сами. Произошло какое-то событие в Думе - мы расскажем об этом и дадим свой комментарий. Поскольку московским газетам в районы путь вообще закрыт, то районки начали выпускать информационные листки для сельсоветов. Борьба за информационный рынок в регионах идет острая, и она наиболее драматична. И если хотите - денежная. Раньше формирование общественного мнения происходило из Москвы, теперь это делают регионы.

*Günther Rager**

Wie verändern die neuen Techniken die Tageszeitungen?

Skizze einer Entwicklung

Das Thema birgt die Gefahr, Prognosen zu stellen, statt Veränderungen zu beschreiben. Wer kennt sie nicht, die kulturpessimistischen Vorhersagen des Untergangs der Bücher, der Zeitungen oder gar der gesamten Lesekultur? Wer kennt nicht die Prognose vom papierfreien Büro? Bisher jedenfalls haben sich alle nicht bewahrheitet. Und mancher Prophet mag froh sein, daß nicht nur seine Prognose in Vergessenheit geraten ist, sondern auch der Name dessen, der die Prognose erstellt hat. Dennoch will ich mit zwei Prognosen beginnen:
"Gedruckte Zeitungen werden bis zum Jahr 2005 verschwunden sein." (Roger Fidler 1996)
"Die klassischen Anzeichen für das Ende einer Marotte sind da... Der meistzitierte Grund, online zu gehen, ist, daß es andere auch tun." (Eric Meyer 1996).

Welche dieser Prognosen wird wohl eintreten? Beide? Rein logisch wäre dies möglich. Denn es könnten die Zeitungen verschwunden sein, und gleichzeitig könnten auch die Online-Medien ohne Erfolg bleiben. Oder wird - was meines Erachtens wahrscheinlicher ist - keine von beiden Prognosen eintreten?

Um der Gefahr zu entgehen, selbst vollmundige Prognosen zu stellen, möchte ich mich zunächst darauf beschränken, Veränderungen zu beschreiben, die wir derzeit beobachten können, und deren Verlauf zu analysieren. Dabei stelle ich an den Anfang meiner Ausführungen zwei Thesen:
- Die Entwicklung der Online-Medien berühren die inhaltliche Entwicklung der Tageszeitung.
- Die Online-Medien berühren die Interessen der Verlage im Werbemarkt.

Um Veränderungen skizzieren zu können, muß ich zunächst den Status Quo kurz darlegen, von dem weg sich etwas verändert.

* *Univ.Prof. Dr. Günther Rager, Universität Dortmund. Mitglied des Wissenschaftlichen Beirats des FRDIP*

Die Tageszeitung hat sich in Deutschland und in vielen anderen europäischen Ländern zu einem zentralen Informationsmedium entwickelt. Sie liefert Informationen über die aktuelle politische Entwicklung und hilft bei der Bewältigung des Alltags. Sie leistet gleichzeitig wichtige Orientierungshilfe durch ihre Hintergrundinformationen, die in so großem Umfang in elektronischen Medien bisher nicht Platz finden konnten. Eine zentrale Kompetenz der Tageszeitung liegt in ihren regionalen und oft exklusiven lokalen Informationen. Vielerorts ist die lokale Tageszeitung das einzige Medium, das regelmäßig über das lokale Geschehen informiert. In manchen Bundesländern gibt es zwar auch lokalen Hörfunk und in seltenen Fällen lokales Fernsehen. Aber sie erreichen weder Umfang der Zeitungsberichterstattung noch deren Besonderheit. Die Tageszeitung präsentiert eine exklusive Mischung: Neben Informationen über lokale Politik und gesellschaftliches Leben auch viele Anzeigen und Kleinanzeigen. Informationen also, die helfen, das Richtige zum Einkaufen zu finden, die einen informieren über Freud und Leid (Geburts-, Todesanzeigen) der Mitbürger. Stellenanzeigen sind ebenso zu finden wie Anzeigen für gebrauchte Autos.

Gerade der Lokalteil wird in Untersuchungen immer wieder in seiner Beliebtheit bestätigt. Zeitungen haben, in der Bundesrepublik zumindest, eine hohe Glaubwürdigkeit und es gibt eine starke Leser-Blatt-Bindung, was sich unter anderem in langjährigen Abonnements ausdrückt. Dies ist eine wichtige Grundlage für die wirtschaftliche Entwicklung der Zeitung in doppelter Hinsicht: Aus den Abonnements erwirtschaften die Zeitungen etwa ein Drittel ihrer Einnahmen, aus der Werbung werden die anderen zwei Drittel finanziert. Um dies zu erreichen, müssen Tageszeitungen eine hohe Leser-Blatt-Bindung und eine hohe Glaubwürdigkeit vorweisen können, denn dies - so die Annahme - kommt auch der Werbung zugute. Zeitungen haben in der Bundesrepublik eine sehr große Reichweite, das heißt, von ihrer Berichterstattung und Werbung werden an einem durchschnittlichen Tag mehr als zwei Drittel der Bevölkerung erreicht.

Zeitungen haben aber auch einige Probleme: Die jüngeren Leser bleiben ihnen weg. Die Zahl der Abonnements stagniert und ist bei manchen Zeitungen rückläufig. Dies hat sicher verschiedene Ursachen.

In der jüngeren Bevölkerung deutet sich in der Bundesrepublik ein verändertes Politikverständnis an. Besonders Menschen, die jünger als 40 Jahre sind, interessieren sich erheblich weniger für Politik als die Älteren. Da das Medium Tageszeitung von der Bevölkerung sehr mit politischer Information verbunden wird, ist es nicht verwunderlich, wenn auch das Interesse an der Tageszeitung eher rückläufig ist.

Ein anderer erkennbarer Trend in unserer Gesellschaft ist die Individualisierung. Damit ist nicht nur die Entwicklung zum Ein-Personen-Haushalt (Singles) gemeint, sondern auch die Tatsache, daß es immer weniger Werte gibt, auf die sich alle gleichermaßen beziehen. Ein Medium wie die Tageszeitung, das als Integrationsmedium gilt, muß daher zwangsläufig an Bedeutung verlieren. Hier könnte der Universalitätsanspruch der Tageszeitung (also über alles zu berichten) geradezu im Wege stehen. Ebenso der Anspruch, allgemein für alle zu informieren, also sich nicht an Zielgruppen zu wenden.

Und meiner Meinung nach spielt bei diesem Trend auch eine Rolle, daß das Medium Tageszeitung in einer Gesellschaft, die zumindest auch starke hedonistische Züge trägt, mit seiner eher asketischen Orientierung an Information, Teilen der Bevölkerung wenig Lustorientiertes zu bieten hat - ganz im Gegensatz zu vielen Zeitschriften und dem Fernsehen.

Selbst der große Vorteil der Tageszeitung, überall leicht verfügbar und zugänglich, leicht zu transportieren und schwarz auf weiß ablegbar zu sein, hebt die genannten Probleme nicht einfach auf. Denn auch das andere Medium, mit dem ich jetzt die Tageszeitung in Beziehung setzen möchte, hat einiges zu bieten:
Computermedien, wie ich die online verbreitenden Medien nennen möchte, haben mehrere Stärken: Sie sind sehr aktuell. Es ist zwar keine kulturelle Errungenschaft, wenn in manchen Netzen abgebildet wird, wie gut gerade die Kaffeemaschine in der Fachbereichsküche von amerikanischen Universitäten gefüllt ist. Es zeigt aber, ebenso wie der gut sichtbare Nachrichtenticker der Nachrichtenagenturen, der Bestandteil mancher Zeitungsseiten im Internet ist, die nahezu 1:1-Aktualität dieses Mediums.

Computermedien sind nicht nur international/global im Gegensatz zur Tageszeitung. Zeitgleich ist der Zugriff auf irgendein Archiv oder ein Postfach möglich, ebenso aber auf die New York Times, die F.A.Z. oder die Financial Times. Von zunehmender Bedeutung wird auch das Verschmelzen von aktuellen Textinformationen, bewegten Bildern und Originaltönen sein. Die großen amerikanischen Fernsehgesellschaften und auch das ZDF in Deutschland gehen diesen Weg. Digitale Dateninformationen können vom Konsumenten auf unterschiedlichen Empfangsgeräten abgerufen werden. Noch nie war die Wahlfreiheit des Konsumenten, bezogen auf das Empfangsgerät, auch nur annähernd so groß wie heute. Die Informationen können über Telefonleitungen am Arbeitsplatz, über Satellit, über Fernsehkabel, über Funk oder Digitalaudio- bzw. -videobroadcasting zugestellt werden. Als Empfangsgeräte kommen mobile oder festinstallierte Computer in Frage,

Fernseher, sofern sie eine Set-Top-Box haben, Mobiltelefone, manche Radios oder andere Endgeräte, die für den Empfang gerüstet sind.

Doch damit noch nicht genug: Die Programmierbarkeit der Computermedien hat in kurzer Zeit schon manche Vision Realität werden lassen. Suchmaschinen durchkämmen das Internet gezielt nach neuen Informationen. Digitale Agenten liefern maßgeschneiderte Informationspakete für den Verbraucher. "Daily Me" nennt sich die individuelle Zeitung, die nur das aussucht, was den Auftraggeber voraussichtlich interessieren könnte, oder wozu er bestimmte Aufträge erteilt hat. Der Musikinformationsdienst "Firefly" gibt im Internet heute schon die Möglichkeit, Musiktitel einzugeben, die man selbst gut findet, dann erhält man Musikempfehlungen von Nutzern mit ähnlichem Geschmack.

"Im Prinzip liefern wir eine elektronische Zeitung; in der stehen nur noch Nachrichten, die der Kunde wirklich braucht", erklärt Mirko Lorenz das Konzept des Dienstes Newspage. Für den Nutzer ist das Verfahren einfach. Wer sich bei Newspage anmeldet, kann aus einer langen Liste bis zu zehn Themenbereiche auswählen. Zusätzlich kann er eigene Stichworte als Suchkriterium eingeben. Dann durchsucht der Digitale Agent die gespeicherten Informationen und wählt aus. Diese "eigene Zeitung" läßt sich mit einem gewöhnlichen Browser-Programm über das Internet abrufen. Die monatliche Gebühr beträgt vier bis sieben Dollar. Das "manager magazin" hat in einem Praxistest festgestellt, daß die Nachrichtenauswahl erstaunlich zuverlässig funktioniert.

Das wichtigste Merkmal derzeitiger Computermedien ist wohl immer noch ihre Interaktivität. Damit ist zunächst gemeint, daß die Nutzer untereinander und mit den Anbietern von Inhalten in Kontakt treten können (Live-"Unterhaltung" via Chat, e-mail, Diskussionsforen...). Selbstverständlich gehört zur Interaktivität auch Online-Shopping, Homebanking usw. Gerade die Bedeutung der Kommunikation von Nutzern untereinander ist bisher kaum zu überschätzen. "Der Austausch mit anderen Online-Nutzern gehört mit Abstand zu den beliebtesten Anwendungsmöglichkeiten der Computermedien. Online-Dienste wie America Online oder CompuServe erzielen einen Großteil ihrer Umsätze aus der Zeit, die ihre Abonnenten mit usergenerierten Inhalten [das sind Inhalte, die Nutzer selber schreiben] verbringen: Klatsch, Tratsch und Smalltalk. Letztlich war es ja auch dieser kommunikative Aspekt, der das Internet erst groß gemacht hat..." (Katja Riefler, S. 9). Nicht vergessen werden darf dabei auch die Möglichkeit des Surfens und Spielens. Computermedien sind also im Gegensatz zur Zeitung eher kommunikations- und fun-orientiert.

Wo aber treiben Computermedien nun die Zeitungen zu Veränderungen? Wie oben ausgeführt, hat die Regionalzeitung ihre Stärke vor allen Dingen im Lokalen oder in der Region. Durch Computermedien haben der Handel, die werbetreibende Wirtschaft oder auch Kommunen die Möglichkeit, an der Zeitung vorbei direkt ihr Publikum zu erreichen. Wenn die Anschlußdichte an die Netze groß genug ist und die Nutzer diese Art von Informationen akzeptieren, ist die Zeitung in ihrer Kernkompetenz angegriffen.

Auch für ihr zweites wirtschaftliches Standbein gibt es eine ernsthafte Bedrohung für die Tageszeitung. Im Kleinanzeigengeschäft sind heute schon die ersten Anzeichen sichtbar: Im Immobilienmarkt und im Stellenmarkt gibt es eine Vielzahl von Versuchen, Angebote an den Printausgaben vorbei über Internet direkt den Nutzern zugänglich zu machen. Auch die Autobranche ist auf diesem Weg. Derzeit hindern vor allen Dingen die zu geringe Anschlußdichte und der wenig nutzerfreundliche und langsame Zugang zum Internet noch das Wachstum dieses Marktes, und die große Schwierigkeit, Leistungen im Internet gegen Entgelt abzusetzen.

Um diese erkannten Gefahren abzuwehren, haben sich die Tageszeitungen stark im Internet engagiert: Weit über 2.000 Verlage sind weltweit mit ihren Zeitungen im Internet vertreten. Allein in der Bundesrepublik sind es derzeit schon über 110. Geld wird dabei bisher in den seltensten Fällen verdient, häufig aber viel Geld investiert. Zum einen hofft man, mit dem Internetauftritt die Zielgruppe Jugend über den Umweg Internet an die Zeitung heranzuführen. Zum anderen versuchen die Zeitungen, in unterschiedlichen Zusammenschlüssen das online-Geschäft so zu organisieren, daß sie an lokalen Vertriebswegen der Informationen nach wie vor beteiligt sind.

Zeitungen müssen sich mehr denn je auf den Nischenmarkt "regionales Informations- und Kommunikationszentrum" konzentrieren, wie die Experten der Europäischen Kommission den Zeitungsverlagen empfehlen. Sie bieten daher selbst sämtliche Internet-Dienstleistungen an und orientieren sich an der "Kundenwunschspirale": "Da kommt jemand zu ihnen und sagt, er möchte ein Logo auf ihrer Homepage. Er möchte 20 Seiten Text dahinter. Die muß irgend jemand gestalten. Und warum sollten seine Kunden nicht per e-mail Informationen bestellen können? E-Mail-Adressen für die Abteilungen und Filialen seiner Firma wären auch eine schöne Sache. Und eine eigene Internetadresse. Eigentlich möchte der Kunde eine feste Anbindung an das Internet, besser noch, eine Anbindung seiner Datenbank - am besten gleich ein Intranet. Und schon stecken Sie mitten in Internetdienstleistungen. Der Verlag wird Fullservice-Provider - oder er verzichtet auf das online-

Geschäft." (Joachim Türk, zit. nach Riefler S. 10) Dieses Zitat des stellvertretenden Chefredakteurs der "Rheinzeitung" charakterisiert die Veränderung innerhalb des Verlagsdenkens. Im Internet ist die Zeitung nicht mit ihren Inhalten gefragt, sondern der Verlag als Dienstleister. Solange die meisten Menschen keinen eigenen Zugang zum Internet haben, sind sie am Produkt Internet, das die Tageszeitung anbietet, mehr interessiert als an den Inhalten der Tageszeitung im Internet. Die Zeitung ist damit nicht mehr das einzige Produkt, das der Verlag auf den Markt bringt. Der Verlag profiliert sich als Dienstleister.

Eine zweite wesentliche Veränderung zeichnet sich auch schon ab: Verlage schließen sich untereinander und mit anderen, etwa Kommunen, Banken usw., zusammen, um beispielsweise Stadtinformationssysteme zu betreiben. Der Grund ist auch hier seitens der Tageszeitungen vor allem der strategische Wunsch der Grund, sich den lokalen Informations- und Werbemarkt langfristig zu sichern. Es geht vor allen Dingen um den Kleinanzeigenmarkt und um die Abonnenten.

Ob diese Anstrengungen ausreichen und ob dies überall gelingt, bleibt fraglich. Lincoln Milstein, Vizepräsident New Media beim "Boston Globe", meint, daß die Zeitungsverlage sehr bedroht seien durch branchenfremde Investoren, ganz egal, wie sie sich zusammenschließen und wieviel Geld sie intern aufbrächten, denn, "all dies ist ein Klacks im Vergleich zu dem, ... was Microsoft und eine Schar gieriger Risikokapitalgesellschaften bereit sind zu investieren, um unsere Kronjuwelen zu stehlen: Unser kostbares Kleinanzeigengeschäft und unseren umfangreichen Abonnentenstamm." (zit. nach Riefler S. 11) Der Zugriff branchenfremder Unternehmen wird als wirtschaftliche Bedrohung und als Gefahr für Demokratie gesehen. Die Zeitungen verlieren in lokalen Märkten ihren bisher großen Vorsprung.

Wie verändert sie sich, die Tageszeitung, durch den Einfluß von Computermedien? Nach den Ausführungen muß die Antwort vielschichtig sein: Das Geschäft der Zeitungsverlage verändert sich auf jeden Fall und hat sich für viele schon verändert. Sie müssen investieren in Bereichen, die zunächst nicht mit der Tageszeitung in Verbindung gebracht wurden. Verlage müssen untereinander und mit Branchenfremden kooperieren, um Märkte zu verteidigen. Die Zeitung selbst wird sich - und jetzt fange ich doch an, eine Prognose zu formulieren - ebenfalls verändern: Die inhaltlichen Einflüsse der Computermedien werden an ihr ebenso wenig vorbeigehen, wie dies die Einführung des Fernsehens tat. Die permanente Arbeit am Layout (hierzu gehören auch viele Graphiken) wird sich ebenso fortsetzen wie die starke Orientierung am Leser. McKinsey verwies darauf, daß schon heute erfolgreiche Zeitungen überdurchschnittlich häufig Marktuntersuchungen durchführen lassen, um "Zeitungen nicht zum Selbstzweck für Journalisten verkommen" zu lassen. Und verweist auf Leser-Foren, die das Bewußtsein der Redaktion schärfen könnten. Erfolgreiche Tageszeitungen haben ihre Informations- und vor allen Dingen Hintergrundangebote vermehrt und die Zahl ihrer Spezialangebote für bestimmte Zielgruppen. Und sie erhöhen die Zahl ihrer exklusiven (lokalen) Berichte. Redaktionelles Marketing gewinnt an Bedeutung . Zeitungen werden sich noch stärker als bisher am Leser orientieren, selbst wenn sie Abstriche am "publizistischen Auftrag" machen müssen. Auch die Tageszeitung kann auf Dauer nicht gegen den Willen der Leser auf alles verzichten, was ihre Abonnenten und Leser wünschen.

Und schließlich glaube ich, daß die Tageszeitungen ihre kommunikativen Leistungen erhöhen werden, sowohl innerhalb der Tageszeitung als auch außerhalb durch Präsenz in der Gemeinde. Damit ist gemeint, daß Zeitungen wie elektronische Medien mit ihren Lesern nicht nur über den traditionellen Leserbrief Kontakt halten werden. Sie werden alle Kommunikationsmedien einschließlich Internet nutzen, um mit dem Leser zu kommunizieren - egal, wieviel davon letztlich in der Zeitung gedruckt wird. All diese Entwicklungen werden nahezu zwangsläufig dazu führen, daß Tageszeitungen in Teilen auch zielgruppenorientierter werden. Das wird sich nicht nur - wie bisher - in speziellen Supplements für einzelne Gruppen (Jugend usw.) äußern, sondern auch in der engen Verknüpfung mit dem Internet und anderen Medien. So können für besonders Interessierte zusätzliche Informationen zu den Zeitungsberichten über das Internet abgerufen werden. Mittelfristig können auf diese Weise auch bewegte Bilder und Tondokumente über die Internetausgabe der Zeitung bezogen werden. Die Medien wachsen stärker zusammen. Und schließlich müssen Zeitungen der zunehmenden Fun-Orientierung - auf welche Weise auch immer - wieder mit mehr Lesevernügen antworten.

Sie haben es vielleicht schon herausgelesen: Ich habe die Hoffnung für die Tageszeitung nicht aufgegeben. Dafür gibt es gute Gründe, die ich bisher noch nicht angeführt habe. Alle derzeitigen Untersuchungen zeigen, daß die Nutzer von Computermedien die Zeit, die sie online verbringen, kaum der Zeitung oder anderen gedruckten Medien wegnehmen, sondern vor allem dem Fernsehen. So zeichnet sich ab, daß zumindest der hochgebildete Teil der Nutzer von Computermedien sich auch weiterhin aus möglichst vielen Quellen informieren wird. „Das Überblickswissen hole ich mir aus der Tageszeitung, das Fachwissen über den Online-Dienst. Das Internet macht nur im Konzert mit anderen Medien Sinn." (Frank Kösner, Geschäftsführer von Entertainment Online).

Literatur

Angebote auf Region zugeschnitten. 110 Zeitungen bereits online, in: Handelsblatt vom 22.9.1997

Eigenrecherche auf rosa Papier. Warum manche Zeitungen gegen den Trend an Auflage gewinnen: Auf dem Welt-Zeitungskongreß in Amster dam stellt McKinsey die Ergebnisse einer Untersuchung vor, in: die tageszeitung vom 10.07.1997

Ermet, Monika: Kleinstadt entwickelt ein regionales Netzangebot. Mit EU- Mitteln zur Digital Town, in: Handelsblatt vom 15.09.1997

Ludes, Peter, Werner, Andreas (Hrsg.): Multimedia-Kommunikation. Theorien, Trends und Praxis. Westdeutscher Verlag. Opladen 1997

Ordnung im Datenmeer. Internet-Informationsdienste verheißen Führungskräften einen Ausweg aus der Nachrichtenflut..., in: manager magazin Juni 1997

Riefler, Katja: Zeitungen Online, Aufbruch ins vernetzte Zeitalter. Kommunikationswissenschaftliches Kolloquium, Universität Bamberg am 31.01. und 01.02.1997, Vortragsmanuskript Surfen statt zappen, in: Wirtschaftswoche Nr. 261 v. 19.6.1997

Гюнтер Рагер[*]

Как новая техника меняет облик ежедневной газеты

Систематизация развития

Эта тема таит в себе опасность составления преждевременных прогнозов вместо обоснования перемен. Кто не знает пессимистические предсказания об упадке роли книг, газет или вообще всей культуры чтения? Кто не знает прогнозов о редакциях, в которых не будет бумаги? Правда, до сих пор эти прогнозы не оправдались, и любой пророк может порадоваться, что забыт не только сам прогноз, но и имя его автора. И все же разрешите начать с двух прогнозов:
"Печатные газеты исчезнут до 2005 года". (Роджер Фидлер, 1996)
"Налицо классические признаки конца каприза... Предпочтение работы в режиме Онлайн объясняется чаще всего тем, что "все теперь так поступают". (Эрик Майер, 1996)

Какой из этих прогнозов сбудется? Быть может, оба? Логически все возможно. Могут исчезнуть газеты, а электронные средства информации могут не завоевать успеха. Или не сбудется ни один из прогнозов, что, на мой взгляд, наиболее вероятно. Чтобы самому не строить громких прогнозов, хотел бы ограничиться анализом хода тех изменений, которые мы можем наблюдать в настоящее время. При этом буду руководствоваться двумя тезисами:

- Развитие электронных средств информации затрагивает эволюцию содержания ежедневных газет.
- Электронные средства информации затрагивают интересы издательских групп на рынке рекламы.

Чтобы проанализировать изменения, нужно сначала обозначить статус-кво, благодаря которому они и происходят. Ежедневная газета прошла в Германии, да и во многих других европейских странах развитие до главного средства информации. Она поставляет актуальную

* *Профессор д-р, Институт журналистики Дортмундского университета*

информацию о политическом развитии и способствует осмыслению будней. Одновременно с этим она оказывает важную ориентирующую помощь благодаря второстепенной информации, которая до сих пор не может быть отражена электронными средствами в полном объеме. Главная компетенция ежедневной газеты заключается в ее региональной и зачастую эксклюзивной местной информации. Во многих случаях локальная ежедневная газета является единственным средством, регулярно информирующим о событиях местного значения. Хотя в некоторых странах наряду с ней существует местное радио и местное телевидение, они не достигают ни объема газетной структуры, ни ее особенностей. В большинстве стран ежедневная газета представляет эксклюзивную смесь различной информации: наряду с новостями местной политики и общественной жизни она предлагает много объявлений и рекламы, т.е. информации, которая помогает правильно сделать покупки, информации о радости и скорби сограждан (объявления о рождении или смерти местных жителей). В газете можно найти также объявления о работе, о продаже подержанных автомобилей, которых предлагается больше, чем рабочих мест.

Именно локальная часть вновь и вновь привлекает внимание в исследованиях о СМИ, по крайней мере в Федеративной Республике Германия. Газеты пользуются здесь высокой степенью доверия, существует прочная связь "читатель-газета", что выражается в многолетней подписке на них. Это - важная основа для экономического развития газеты по двум параметрам: именно на подписке газеты зарабатывают примерно 1/3 своих доходов. Из рекламы финансируются оставшиеся 2/3. Чтобы достичь этого, ежедневные газеты должны демонстрировать прочность связи "читатель-газета" и высокую степень правдивости, т.к. это, хотя и предположительно, также идет на пользу изданию. Газеты в Германии имеют очень большой радиус распространения. Это означает, что в течение дня более 2/3 населения охватывается их информацией и рекламой.

Но есть у газет и проблемы, достойные внимания. Более молодые читатели остаются в стороне от них. Количество подписчиков находится в состоянии застоя, а у некоторых газет уменьшается. У этого явления есть несколько причин, одной из которых считается изменение политического мышления у молодого поколения Федеративной

Республики. Особенно это касается молодых людей, не достигших 40 лет: они значительно меньше интересуются политикой, чем более старшие. В возрастной группе старше 40 лет политикой интересуется более 52%. Почти 60% всех опрошенных признаются даже, что очень мало или вообще не интересуются политикой. Это - данные опроса, проводившегося по заказу Федерального правительства. Поскольку ежедневная газета связана с населением прежде всего через политическую информацию, по моему мнению, не удивительно, что к ней падает интерес.

Другая заметная тенденция в нашем обществе - индивидуализация. Под этим следует понимать не только концентрацию внимания на индивидуальном домашнем хозяйстве (Singles), но и то, что все меньше остается ценностей, на которые люди ориентируются в одинаковой степени.

Такое (информационное - Прим. Ред.) средство, как ежедневная газета, которое считается интеграционным, поневоле теряет свое значение. И вот здесь могла бы этому помешать претензия издания на универсальность (то есть информирование обо всем), так же как и претензия информировать всех и обо всем, не обращаясь к целевым группам. По моему мнению, при этой тенденции играет роль также то обстоятельство, что в обществе, которое носит гедонистические[1] черты, газета с ее скорее аскетической ориентацией на информацию может довольно мало предложить эмоциональной ориентации отдельным группам населения. Полной противоположностью этому являются многие журналы и телевидение.

Доступность, легкость в распространении газеты и прочие ее преимущества не устраняют упомянутых проблем. Другое средство

---

[1] *От греческого hedone – наслаждение. Этическое учение, первоначально развитое древнегреческой киренской философской школой (4 в. до н.э.); целью жизни и высшим благом признает наслаждение; добро определяется как то, что приносит наслаждение, а зло - как то, что влечет за собой страдание (Прим. ред).*

информации, с которым я бы хотел теперь сравнить ежедневную газету, может предложить большее.
Компьютерные средства информации, доступные в режиме Он-лайн, имеют много сильных сторон - они очень актуальны. Хотя, к примеру то, что в некоторых сетях демонстрируется хорошо работающая кофеварка в студенческих столовых в американских университетах, вряд ли можно считать культурным достижением. Но это наглядно показывает, что соотношение актуальности на ленте информационного агентства и составной части газетных полос, находящихся в Интернете, составляет 1: 1.

В противоположность ежедневной газете, компьютерные средства интернациональны и глобальны. В любое время возможно подключение к какой-либо базе данных или нужному архиву, чтение материалов „Нью-Йорк Таймс", „Франкфуртер Альгемайне" или „Файненшнл Таймс". Подключение к сети возможно любому СМИ.

Растущее значение приобретает соединение актуальной текстовой информации с движущимися картинками и звуковым оформлением. По этому пути идут крупные американские телевизионные компании, а также ЦДФ (ZDF)[2] в Германии. Цифровая информация может быть вызвана потребителем с различных приемных устройств. Еще никогда свобода выбора клиента не имела столь широкого размаха, как сейчас, с появлением электронных средств информации. Информация может быть доставлена на рабочее место по телефонной линии, через спутник, через телевизионный кабель, по радио, посредством цифрового аудио- или видеовещания. В качестве принимающих приборов используются мобильные или стационарные компьютеры, телевизоры, оборудованные устройством Set-top-box, а также мобильные телефоны, некоторые виды радио и т.п.

Но и этого был не достаточно. Программируемость компьютеров в короткое время превратило многие мечты в реальность, составляются специальные информационные пакеты для потребителя. "Daily Me" („Ежедневная я") - так называет себя газета, которая выискивает только

---

[2] *ЦДФ - Второе Германское телевидение. Правовая форма – общественно-правовая телекомпания (Прим. ред.).*

то, что, к примеру, могло бы заинтересовать работодателей. В службе музыкальной информации "Firefly" в Интернете уже сегодня появилась возможность вводить ключевые музыкальные слова, которыми интересуется пользователь, в результате чего он пожет потом получить рекомендации по музыке от пользователей со схожими вкусами.

"В принципе, мы поставляем электронную газету с сообщениями, в которых клиент действительно нуждается,"- объясняет Мирко Лоренц концепцию службы "Newspage". Для потребителя это способ простой. Тот, кто сделает заявку в "Newspage", может выбрать из длинного списка до десяти тематических подборок. Дополнительно он может вводить собственные кодовые слова, используя их как критерий для поиска. Затем системный оператор просматривает находящуюся в памяти информацию и выбирает нужную. Эту "собственную газету" можно вызвать по Интернету при помощи обычного браузера. Месячный сбор составляет от 3 до 7долларов США. Журнал „Менеджер-магацин“ ("Manager magazine") установил путем тестирования, что выбор сообщений функционирует на удивление надежно. День за днем сервер "Newspage" регистрирует в среднем полмиллиона посещений со всего мира.

Важнейшим признаком современных компьютерных средств по прежнему остается интерактивность. Под этим прежде всего следует понимать, что пользователи могут вступать в контакт между собой и с базами данных (прямое общение через "чаты", посредством электронной почты - Email, открытых дискуссий...). Естественно, к интерактивности относится также Online-shopping (покупки на дому), Homebanking (управление банковскими счетами из собственной квартиры, и т.д.). Однако общение пользователей между собой не следует переоценивать. "Обмен с другими пользователями в режиме Онлайн относится к излюбленным возможностям применения компьютерных средств. Работа таких служб, как "Америка Онлайн" или "Компьюсерв" в значительной степени заполнена болтовней, сплетнями, личными беседами. В конце концов это и был тот коммуникативный аспект, который вначале привел Интернет к росту..."- написала Катя Рифлер[3]. Нельзя при этом забывать о развлекательных и игровых

---

3 *Katja Riefler. Zeitungen Online, Aufbruch ins vernetzte Zeitalter.*

моментах. Итак, в противоположность газете, компьютерные средства прежде всего ориентированы на коммуникацию и развлечения.

Но каким образом компьютерные СМИ приводят газету к изменениям? Как говорилось выше, сильная сторона региональной прессы заключается прежде всего в освещении местных аспектов или региона. С помощью компьютерных средств и торговля, и двигающая рекламу экономика, и общины имеют возможность, минуя газету, напрямую связываться со своей клиентурой. Если частота подключений к сети достаточно велика и пользователи одобряют этот вид коммуникации, то газета ущемляется в своей основной компетенции. Серьезная угроза существует для газеты и с экономической точки зрения: в бизнесе небольших объявлений видны первые признаки изменений - на рынке недвижимости и на рынке занятости существуют попытки сделать объявления доступными для пользователя напрямую через Интернет, минуя печатные издания. Насколько мне известно, на этот путь встала также и автомобильная промышленность. Рост этого рынка в настоящее время сдерживают прежде всего частота подключений, непростой доступ к Интернету, а также большие сложности сбыта услуг Интернета за плату.

Чтобы противодействовать вышеназванным опасностям, ежедневные газеты активно интегрировались в Интернет: более 2.000 издательств со всего мира представлено в нем своими газетами. Только в Федеративной Республике их в настоящее время насчитывается уже более 110. При этом деньги заработывались лишь в редких случаях, зато часто приходится их вкладывать. С одной стороны, вступление в Интернет становится обходным маневром, делается попытка привлечения целевых групп, например молодежи. С другой стороны - газеты в различных объединениях пытаются так организовать Онлайн-бизнес, чтобы, как и прежде, участвовать в сбыте локальной информации. Эксперты Европейской комиссии советуют издательствам: газеты должны более, чем прежде концентрироваться на "региональной информационно-коммуникационной" нише рынка. Поэтому они сами и предлагают полные услуги на электронном уровне и ориентируются на пожелания клиента. По этому поводу один из исследователей Йоахим

Kommunikationswissenschaftliches Kolloquium, Universität Bamberg am 31.01. und 01.02.1997, Vortragsmanuskript, S.9

Тюрк пишет: "Приходит к вам человек и говорит, что он хотел бы завести логотип на вашем сайте и в этой ячейке иметь двадцать страниц текста. Это должен кто-то оформить. И почему его клиетны не могут заказать информацию по электронной почте? Было также неплохо иметь электронные адреса для отделов и филиалов его фирмы. Собственно, клиент хотел бы, конечно, иметь постоянную связь с Интернетом, еще лучше - связь со своим банком данных, а лучше всего - Интранет. И вот вы уже включаетесь в оказание услуг Интернета. Таким образом, издательство или становится поставщиком полного комплекса сетевых услуг, или отказывается от работы в сети."[4] Эта цитата заместителя главного редактора „Райнцайтунг“ ("Rheinzeitung") характеризует изменения в издательском мышлении. В Интернете газета не пользуется спросом в своем традиционном качестве, со своим содержанием, зато существует спрос на услуги издательства. До тех пор, пока у большинства людей нет выхода в Интернет, они больше заинтересованы в возможностях сбыта через Интернет, предлагаемых газетой, чем в самом содержании электронной версии этой газеты. Газета уже не является единственным продуктом, который издательство поставляет на рынок. Издательство специализируется как исполнитель услуг.

Уже вырисовывается и второе существенное изменение - издательства объединяются между собой и с другими учреждениями, например, с коммунами, банками и т.д., чтобы задействовать городские информационные системы. В этом случае стратегическое желание ежедневых газет прежде всего является причиной того, чтобы упрочить свои позиции на длительный срок на информационном и рекламном рынках. Речь идет в первую очередь о небольших объявлениях и подписчиках. Достаточно ли этих усилий и удастся ли это вообще, пока не ясно. Линкольн Милштайн, вице-президент „новых СМИ“ при "Boston Globe" считает, что для газетных издательств существует угроза со стороны посторонних отрасли инвесторов, независимо от того, как они объединяются и сколько денег они вкладывают конфиденциально, так как "все это мелочи по сравнению с тем, ... что „Майкрософт“ и целый ряд алчных компаний с сомнительным капиталом готовы инвестировать, чтобы украсть наши сокровища, т.е. наш ценный бизнес на небольших объявлениях и обширную группу традиционных

---

[4] *Joachim Türk, zit. nach Riefler, S. 10*

подписчиков"[5]. Вмешательство посторонних для отрасли предпринимателей рассматривается как экономическая угроза и как опасность для демократии. Газеты теряют свои прежние преимущества на местных рынках.

Как же изменяется ежедневная газета под влиянием компьютерных СМИ? Ответ на этот вопрос не может быть однозначен. Бизнес газетных издательств меняется в любом случае, и во многих случаях уже изменился. Они должны инвестировать в те области, которые раньше их не интересовали. Чтобы защитить рынки, издательства должны кооперироваться между собой и с организациями чуждых отраслей. Ведь сама газета - и сейчас я все-таки пытаюсь сформулировать прогноз - будет меняться. Содержательное влияние электронных СМИ не сможет не затронуть ее - так же, как это было при появлении телевидения. Будут продолжены постоянная работа над версткой (сюда включается и графика), а также последовательная ориентация на читателя. МакКинзи указывает на то, что уже сегодня исследования рынка в среднем проводятся преуспевающими газетами чаще, чтобы "не допустить упадка газет до уровня журналистского самовыражения". Он также ссылается на собрания читателей, которые могли бы заострить внимание редакций. Процветающие газеты расширили свой информационный и прежде всего вспомогательный диапазон, а также число специальных приложений для определенных целевых групп. Помимо этого, они увеличивают число эксклюзивных материалов. Редакционный маркетинг приобретает все большее значение. Газеты будут больше, чем прежде, ориентироваться на читателя, даже если им придется сокращать "публицистический заказ". Ведь ежедневная газета не может постоянно, против читательской воли, отказываться от всего, чего он от нее требует.

В конце концов я верю, что, благодаря месту в обществе, ежедневные газеты будут улучшать свои коммуникативные достижения как во внутренней концепции, так и во внешней среде. Под этим следует понимать, что газеты - так же, как и электронные СМИ, будут поддерживать контакт со своими читателями не только на уровне традиционных читательских писем. Они станут использовать все

---

[5] *Zit. nach Riefler, S. 11*

коммуникационные средства для этого общения, включая Интернет. При этом не имеет значения, сколько из общего объема будет напечатано в газете. Все эти тенденции развития волей-неволей приведут к тому, что ежедневные газеты окажутся в отдельных приложениях и будут ориентированы на целевые группы. Это найдет отражение не только в специальных приложениях для отдельных групп (для молодежи, например и т.д.), как это было прежде, но и в тесном контакте с Интернетом и другими СМИ. Так, для особо интересующихся, через Интернет может быть вызвана дополнительная информация. Таким путем через электронную версию газеты могут привлекаться видеоизображения, звуковые файлы. Все СМИ развиваются вместе и вместе становятся сильнее. В итоге получается, что газеты должны больше удовлетворять растущую потребность читателей - любым путем, как и ранее - в развлекательном материале.

Видимо вам теперь ясно, что я не потерял надежду на сохранение ежедневной газеты. И тому есть причина, которую я до сих пор еще не приводил. Все современные исследования показывают, что пользователь компьютерных средств тратит время, которое ему требуется для работы с ними, не на газету или другие печатные издания, а на телевидение. Однако выясняется, что по меньшей мере высокообразованная часть пользователей компьютерными СМИ будет и в дальнейшем черпать информацию из максимально возможного числа источников. Как заявил Франк Кёснер, управляющий делами фирмы „Entertainment Online“: „Общие сведения я черпаю из ежедневной газеты, специальные знания - через электронные службы (Online). Интернет имеет смысл только во взаимодействии с другими СМИ“.

Перевод Алексея Смирнова, студента 1 курса СвРГИП
Übersetzung von Alexej Smirnov, Student im 1. Studienjahr des FRDIP

В.Н. Монахов[*]

О некоторых правовых проблемах российских СМИ

Благодарю вас за приглашение на эту очень интересную конференцию. Без сомнения, обсуждаемая сегодня проблематика напрямую связана с профессией журналиста и журналистикой вообще. В связи с тем, что в мире и в нашей стране появляется очень много всяких технических новшеств, в том числе Интернет, я вспомнил, что лет 15-20 назад на лекциях по правовой кибернетике, (есть такая специальность на наших юридических факультетах), также обсуждалась эта проблема, но в несколько ином аспекте - а нужен ли будет юрист, если все правовые нормы занести в компьютер?!

Ведь тогда, если «кто-то у нас порой честно жить не хочет» и нарушает требование правовых норм, можно нажать соответствующую кнопку, и на дисплее высветится информация о том, сколько лет надо отсидеть этому нарушителю. Это, без сомнения, была некая утопия. Думаю, что в отношении журналистики происходит то же самое. *Человек был, есть и будет (во всяком случае я на это надеюсь) самым главным среди любой, самой интеллектуальной техники.* Мы убедились, что, решая очень многие старые проблемы, новая техника действительно рождает множество новых. Возникают они не только внутри системы журналистики, но и в пограничных ей зонах. В том числе и в той, что является областью моего давнего профессионального интереса - в праве СМИ.

Приведу конкретный пример. В конце 1996 г. в московской газете «Сегодня» была опубликована статья, анализировавшая предвыборную ситуацию по выборам губернатора нефте- и газоносной Тюменской области в Сибири. Электронный вариант газеты по договору ее редакции с государственной телекоммуникационной организацией ФАПСИ распространялся по различным абонентским пунктам в России

---

[*] *Кандидат юридических наук, член Судебной палаты по информационным спорам при Президенте Российской Федерации*

и, в частности, попал в пресс-службу государственного органа субъекта Российской Федерации - администрацию Тюменской области. Оттуда, в свою очередь, текст статьи был получен редакцией газеты «Тюменский курьер». Поскольку тема статьи для Тюмени была актуальной, материал сразу же попал на страницы ближайшего номера газеты. В этой статье, среди прочего, упоминалась (не в лучшем контексте), фамилия одного из фаворитов предвыборной гонки за кресло губернатора Тюменской области.

После выхода газеты он обратился в суд Центрального района города Тюмени с иском к редакции «Тюменского курьера» о защите чести и достоинства и о взыскании солидной компенсации за причиненный этой публикацией моральный вред. Редакция газеты строила свою защиту в суде на правовой норме п.6 ст.57 Закона РФ «О средствах массовой информации». Там сказано, что редакция не несет ответственности за распространение сведений, не соответствующих действительности и порочащих честь и достоинство граждан, если они являются дословным воспроизведением сообщений и материалов или их фрагментов, распространенных другим средством массовой информации, которое может быть установлено и привлечено к ответственности за данное нарушение законодательства Российской Федерации «О средствах массовой информации».

И все было бы нормально, если бы не одно «но». Дело в том, что по неясным обстоятельствам в печатном варианте статьи в московской газете «Сегодня», откуда был перепечатан электронный вариант в «Тюменском курьере», фамилии истца в том злополучном контексте не было. То ли ее вычеркнул карандаш политически корректного московского редактора «Сегодня», то ли это произошло случайно, но факт остается фактом: тексты статьи в «Сегодня» и в «Тюменском курьере» разные. А это уже не дословное воспроизведение, как того требует норма закона. Хотя разница заключается лишь в одном слове, т.е. в фамилии истца. Более того, великий и могучий русский язык предоставил в распоряжение сибирских судей косвенное подтверждение существования в оригинале статьи «утерянной» фамилии: дело в том, что при утрате фамилии московский редактор, может быть случайно, забыл исправить в следующем за ней числительном множественное число на единственное.

В результате в московском печатном варианте появилась фраза, явно и выразительно нарушающая правила русской грамматики: «А. является одними из создателей Сибирской страховой компании». В тюменском же варианте эта фраза звучит следующим образом: «А. и Р. являются одними из...». Тем не менее сибирские служители Фемиды районного уровня этого доказательства «не заметили». К электронному же варианту московской газеты у них и вовсе «доверия нет». *«Нам неизвестно, что было в этом вашем электронном варианте»,* - таков был их аргумент и, соответственно ему, вердикт. Печатные же варианты (московский и тюменский) несомненно разные. А электронный вариант, как на Руси говорится, к делу не пришьешь.

Вот в этом и заключается новая правовая проблема, возникшая с появлением электронных версий традиционных печатных СМИ. Ее законодательная составляющая в том, что в базовом российском законе «О средствах массовой информации» правовой режим подобных электронных версий традиционных СМИ с достаточной четкостью не прописан. Судьи же не знают, как правильно и единообразно разрешать соответствующие споры.

Правда, существует некий законодательный намек на то, каким образом можно поступать при такого рода казусах. Я имею в виду статью 24 закона «О средствах массовой информации», названную «Иные средства массовой информации». Ее смысл в том, что она содержит правила, установленные законом «О СМИ», для периодических печатных изданий на иные формы периодического распространения массовой информации, в том числе и на тексты, созданные с помощью компьютеров и (или) хранящихся в их банках и базах данных. Но, приняв тот вариант, придется признать, что электронная версия газеты или журнала - это уже совсем другое средство информации. А это, в свою очередь, влечет новый ряд правовых последствий, связанных с регистрацией, принятием устава и т.д. и т.п.

Ясно, что назрела необходимость в рамках готовящегося сейчас в Государственной Думе пакета поправок и дополнений к Закону РФ «О средствах массовой информации» признать принципиальную правовую аутентичность электронного и печатного варианта одного и того же СМИ. Конечно, аутентичность не должна быть автоматической. Ее признание должно быть обусловлено выполнением ряда организационно-технических и правовых условий, прежде всего связанных с необходимостью сохранения (без изъятий, исправлений и дополнений) в целях обеспечения доказательств, имеющих значение для правильного разрешения возможных споров, электронного текста в оригинальном виде.

Подобных примеров правовых казусов, возникающих в ходе все расширяющегося преобразования гутенберговской технологии создания СМИ в, если можно так сказать, «гейтсовскую» технологию, уже достаточно много как у нас в России, так и у наших коллег в Германии. Видимо их число будет расти, а не уменьшаться, так как технический прогресс нельзя остановить. Разумный выход я вижу в объединении наших усилий и опыта по их разрешению.

Наша конференция не должна остаться верным, но единственным шагом на этом пути. Наше сотрудничество должно расширяться по всему фронту и углубляться по содержанию.

*Viktor N. Monachov**

Einige medienrechtliche Probleme in Russland

Vielen Dank für die Einladung zu dieser sehr interessanten Konferenz. Die heute diskutierte Problematik ist eng mit dem Beruf des Journalisten und der Journalistik im Allgemeinen verknüpft.

In Verbindung damit, daß auf der ganzen Welt und auch in unserem Land so viele technische Neuheiten erscheinen, darunter auch das Internet, habe ich mich daran erinnert, daß wir vor etwa 15- 20 Jahren in unseren Kybernetik-vorlesungen (eine solche Fachrichtung besteht an unseren juristischen Fakultäten) eine ähnliche Problematik diskutiert haben, nur unter einem etwas anderen Aspekt: Braucht man überhaupt noch Juristen, wenn alle Rechtsnormen in einen Computer gespeist werden können? Muß man etwa, wenn "jemand unter uns bisweilen nicht ehrlich zu leben wünscht" und ein Gesetz verletzt einfach nur eine entsprechende Taste drücken, und auf dem Display erscheint die Auskunft darüber, wieviele Jahre unser Gesetzesbrecher absitzen muß? Das ist natürlich zweifellos Utopie. Und ich glaube, dasselbe gilt auch für die Journalistik.

Der Mensch war ist, und bleibt (jedenfalls hoffe ich das) immer das Wichtigste in einer technischen Umgebung, sei sie auch noch so intelligent. Wir haben uns überzeugt, daß, obwohl die neue Technik sehr viele alte Probleme gelöst hat, sie uns auch viele neue aufgibt. Sie erscheinen nicht nur innerhalb der eigentlichen Journalistik, sondern auch in ihren angrenzenden Gebieten. Unter anderem auch in dem, welches mein langjähriges berufliches Interesse darstellt - dem Medienrecht.

Ich möchte ein konkretes Beispiel anführen: Ende 1996 wurde in der Moskauer Zeitung "Segodnja" ein Artikel veröffentlicht, der die Situation vor den

---

* *Kandidat der Rechtswissenschaften, Mitglied der Gerichtskammer für Informationsfragen beim Präsidenten der Russischen Föderation.*

Gouverneurswahlen im erdölreichen Kreis Tjumen in Sibirien analysierte. Die elektronische Version der Zeitung wurde nach Abmachung der Redaktion mit der staatlichen Telekomunikationsorganisation FAPSI über verschiedene Abonnentenpunkte in Rußland verbreitet, und gelangte so auch in die Presseabteilung der Administration des Kreises Tjumen. Von dort gelangte der Text auch in die Redaktion des "Tjumensker Kuriers". Da das Thema des Artikels für Tjumen brandaktuell war, kam er auch gleich in die nächste Ausgabe der Zeitung. In diesem Artikel wurde unter anderem der Name eines der Favoriten im Wahlkampf um den Gouverneurssessel von Tjumen erwähnt, und das nicht im besten Kontext.

Dieser wandte sich nun ans Gericht von Tjumen, mit einer Klage gegen die Redaktion des "Tjumener Kuriers", zum Schutze seiner Ehre und seines Rufs, und für eine solide Kompensation des durch diese Publikation zugefügten moralischen Schädens. Die Redaktion der Zeitung stützte ihre Verteidigung auf §6, Abs.57 des Gesetzes der Russischen Föderation "Über die Massenmedien". Dort steht geschrieben, daß die Redaktion keine Verantwortung für die Verbreitung von Äußerungen trägt, die nicht der Wirklichkeit entsprechen und die die Ehre und den Ruf eines Bürgers verletzen, wenn sie eine wörtliche Wiedergabe eines Berichts oder Teilen desselben darstellen, der von anderen Massenmedien verbreitet wurde, die für die Verletzung der Gesetzgebung der russischen Föderation "Über die Massenmedien" zur Verantwortung gezogen werden können.

Und alles wäre normal, gäbe es nicht dieses "aber". Es war nämlich so, daß unter ungeklärten Umständen in der gedruckten Version des Artikels der Moskauer Zeitung "Segodnja" der Name des Klägers nicht in diesem unseligen Kontext genannt wurde. Ob ihn nun der Bleistift des politisch korrekten Moskauer Redakteurs der "Segodnja" weggestrichen hat, oder ob es reiner Zufall war, Fakt bleibt Fakt: Die Texte in der "Segodnja" und im "Tjumener Kurier" sind unterschiedlich. Es ist keine wörtliche Wiedergabe im Sinne des Gesetzes gegeben. Obwohl der Unterschied buchstäblich nur in einem Wort - dem Namen des Klägers - besteht. Mehr noch, die außerordentlich reiche russische Sprache gab dem sibirischen Gericht einen indirekten Hinweis auf die Existenz des im Original des Artikels "verschollenen" Namens. Es war nämlich so, daß der Moskauer Redakteur oder der Zufall beim Löschen des Namens vergaß, den darauffolgenden Numerus von der Mehrzahl in die Einzahl zu ändern. Am Ende erschien in der gedruckten Moskauer Version eine Phrase, die eindeutig gegen die Regeln der russischen Grammatik verstößt: "A. gehören zu den Gründern der sibirischen Versicherungsgesellschaft". In

der Tjumener Variante klingt diese Phrase wie folgt: "A. und R. gehören zu den Gründern..."
Trotzdem wurde der Beweis von den sibirischen Mitarbeitern des (..Femida...) der Kreisebene "nicht in Betracht gezogen". Zur elektronischen Version der Moskauer Zeitung hatten sie überhaupt "kein Vertrauen". "Uns ist nicht bekannt, was in Ihrer elektronischen Version geschrieben stand"- so lautete Argument und Urteil. Die gedruckten Versionen der Moskauer und Tjumener Zeitungen unterscheiden sich zweifellos. Und die elektronische Version kann, wie man in Rußland sagt, "an diese Sache nicht angenäht werden".

Hier haben wir also ein rechtliches Problem, das mit dem Entstehen elektronischer Versionen der traditioneller Druckmedien aufgetaucht ist. Es besteht aus gesetzgeberischer Sicht darin, daß im zugrundeliegenden Gesetz "Über die Medien" die rechtliche Stellung entsprechender elektronischer Versionen traditioneller Medien nicht mit genügender Deutlichkeit ausformuliert ist. Deswegen wissen auch die Gerichte nicht, wie man die entsprechenden Rechtsstreits richtig und einheitlich entscheiden kann. Allerdings besteht ein gewisser gesetzgeberischer Hinweis darauf, wie man mit dieser Art von Fällen umgehen kann.

Ich meine den Artikel 24 des Gesetzes "Über die Medien" mit dem Titel "Über andere Medien". Dieser Artikel weitet die im Gesetz "Über die Medien" festgelegten Regeln für periodische Druckerzeugnisse auf andere Formen der periodischen Verbreitung von Information aus, also auch auf Texte, die mit Hilfe von Computern verfaßt, und (oder) auf Datenbanken oder an anderen Stellen gelagert sind. Aber, diese Auslegung einmal angenommen, muß man doch zur Kenntnis nehmen, daß die elektronische Version einer Zeitung oder Zeitschrift schon ein völlig anderes Medienerzeugnis ist. Und das zieht dann wieder eine neue Reihe rechtlicher Folgen nach sich, in Hinblick auf Registrierung, Satzungsfragen usw.

Offensichtlich ist die Notwendigkeit herangereift, die prinzipielle rechtliche Autorität der elektronischen und der gedruckten Variante desselben Medienerzeugnisses anzuerkennen, und zwar im Rahmen des Korrekturen - und Ergänzungspaket zum Gesetz "Über die Medien", das gerade im russischen Parlament vorbereitet wird. Natürlich sollte diese Autentizität nicht automatisch sein. Seine Anerkennung muß durch die Beachtung einer Reihe von organisatorisch-technischen und rechtlichen Faktoren bedingt sein. Vor allem den Bedingungen, die mit der Notwendigkeit der Sicherung des elektronischen Textes im Originalzustand (ohne Verfälschungen, Verbesserungen und Ergänzungen) zur Bereitstellung von Beweisen verbunden sind, die Bedeutung für die Klärung möglicher Rechtsstreits besitzen.

Ähnliche Fallbeispiele, die im Verlaufe der sich immer weiter ausweitenden Umwälzung der Gutenbergschen Technologie der Medienproduktion in die, wenn man so will, "Gates-sche" Technologie aufgetreten sind, gibt es schon genug, sowohl bei uns in Rußland, als auch bei unseren Kollegen in Deutschland. Es ist klar, daß diese Zahl zunehmen wird. Der technische Fortschritt ist unaufhaltbar. Also sehe ich einen vernünftigen Ausweg in der Verbindung unserer Bemühungen und Erfahrungen in der Lösung dieser Fälle.

Eine richtige Konferenz sollte nicht nur ein einziger gutgemeinter Schritt auf diesem Weg darstellen. Unsere Zusammenarbeit sollte eine breitere Front umfassen und sich inhaltlich vertiefen.

Ich wünsche Ihnen viel Glück auf diesem Weg und danke Ihnen für Ihre Aufmerksamkeit.

Übersetzung: Karsten Graviert

*Walter Kaiser**

Die Kommunikation zwischen dem Deutschen Industrie- und Handelstag (DIHT), den Deutschen Industrie- und Handelskammern (IHK) und den deutschen Unternehmen

Die deutsche Kammerorganisation

Der Deutsche Industrie- und Handelstag, für den ich hier spreche, ist die Dachorganisation der 83 deutschen Industrie- und Handelskammern. Diesen 83 Deutschen Industrie- und Handelskammern gehören 3,2 Millionen Unternehmen an. Mitglied einer Kammer ist in Deutschland jedes Unternehmen, weil dies gesetzlich vorgeschrieben ist. Mitglieder einer deutschen Industrie- und Handelskammer sind sowohl die Gaststätten, die Taxiunternehmer wie die Großbanken oder die Stahlunternehmen. Die Kammerorganisation ist folglich die größte Unternehmensorganisation Deutschlands. Die Kammern vertreten das Interesse der ihnen zugehörigen Unternehmen in der Region gegenüber den Kommunalverwaltungen und gegenüber den regionalen Regierungsstellen. Der Deutsche Industrie- und Handelstag, der stets dort präsent ist, wo die Bundesregierung ihren Sitz hat, vertritt die Interessen der deutschen Wirtschaft gegenüber der Bundesregierung in Bonn und in Zukunft in Berlin und in Brüssel gegenüber der Europäischen Kommission.

Das Netzwerk der Kommunikation

Interessenvertretung ist nur durch Kommunikation möglich. Kammern und DIHT müssen zunächst erfahren, wo die Unternehmen Probleme haben, wie ihre Lage ist, was sie zu ändern wünschen, um dies der Politik gegenüber artikulieren zu können. Das Informationsbedürfnis besteht hier auf beiden Seiten. Denn auch die Politik will wissen, wie es um die deutsche Wirtschaft, wie es um die deutschen Unternehmen bestellt ist. Anderseits wollen die Unternehmen erfahren, welche Entscheidungen aus der Politik für sie rele-

---

**Dr. Walter Kaiser, Stellvertretender Hauptgeschäftsführer des Deutschen Industrie- und Handelstages (DIHT), Bonn. Mitglied des Kuratoriums des FRDIP.*

vant sind, wollen wissen, welche neuen gesetzlichen Regelungen sie betreffen. Diese Informationsbedürfnisse erfordern den Aufbau eines engen Kommunikationsnetzes.

Dieses Netz ist geknüpft zwischen dem DIHT, den 83 Kammern und ihren 110 Geschäftsstellen, die über das ganze Bundesgebiet verstreut sind. Hinzu kommt ein Netz, das wir weltweit errichtet haben - mit 70 Auslandshandelskammern, Delegierten der Deutschen Wirtschaft und Repräsentanzen. Mit diesem Auslandsnetz helfen wir den deutschen Unternehmen im Ausland, ihre Geschäfte in den Gastländern besser durchführen zu können, andererseits helfen wir auch den Unternehmen in den Gastländern, enge Wirtschaftsverbindungen zu Deutschlands Wirtschaft zu knüpfen. Eines dieser Delegiertenbüros der Deutschen Wirtschaft aus diesem Netz befindet sich auch hier in Moskau und zwar seit sechs Jahren. Ein weiteres Delegiertenbüro arbeitet in St. Petersburg, eines in Novosibirsk. Es gibt weitere Repräsentanzen in anderen GUS-Staaten, zum Beispiel in Kiew, in Taschkent, in Almaty und in Minsk.

Ich halte fest: Das dichte Kommunikationsnetz der deutschen Kammern gewährleistet Unternehmensnähe. Es ermöglicht eine optimale Kommunikation wichtiger Daten und Informationen in verschiedene Richtungen - von der Politik an die Wirtschaft und von der Wirtschaft an die Politik und von der Wirtschaft an die Wirtschaft.

Denn neben dem bilateralen Informationsfluß ermöglicht dieses Netz auch den Erfahrungsaustausch zwischen den Unternehmen, ein großer Vorteil dieses Netzes, weil Unternehmen immer voneinander lernen wollen, um im Markt besser zu werden.

Um das Gesagte zu veranschaulichen, darf ich einige wenige Beispiele nennen: Die Kammern ermitteln in den Regionen bei den einzelnen Unternehmen die Pläne zur Einstellung von neuen Mitarbeitern, die Absatzerwartungen, die Aussichten auf den Exportmärkten, die Investitionsplanungen, die Preisgestaltung - alle diese Daten werden gesammelt, von den Kammern für die Regionen selbst ausgewertet, aber auch an den DIHT weitergeleitet, der sie dann zu einem Gesamtbild der wirtschaftlichen Lage in Deutschland zusammenfügt und an Politik und Öffentlichkeit weitergibt. So erhalten die Entscheider in der Politik wie auch die Unternehmen ein aktuelles Bild über die wirtschaftliche Lage und ihre weitere Entwicklung. Dies machen wir pro Jahr zweimal.

Möchte die Politik an die einzelnen Unternehmen bestimmte Informationen herantragen, zum Beispiel, daß man bestimmte Förderprogramme für die Unternehmen in bestimmte Regionen vorhält, so übermittelt sie diese Information an den DIHT zur Weitergabe an die Unternehmen. Brauchen die Unternehmen Sachverständige, um komplizierte Sachverhalte in den Unternehmen zu bewerten, um zum Beispiel Wertgutachten zu erstellen, so wird das IHK-Informations-Netz aktiv und ermittelt bundesweit die richtigen Sachverständigen. Auch funktioniert dieses Kommunikationsnetz als Frühwarnsystem gegen üble Geschäftemacher. Wird in einem Kammerbezirk festgestellt, daß eine Firma unsolide Geschäfte anbietet, so wird diese Warnung über das Kammersystem an alle betroffenen oder gefährdeten Unternehmen übermittelt.

Dieser Kommunikationsfluß war in der Vergangenheit sehr schwerfällig, weil vieles über den Transport von Papieren, über schriftliche Dokumente oder gar über persönliche Unterrichtungen und Seminare vermittelt werden mußte. Dadurch entstanden beachtliche Zeitverzögerungen und Aufarbeitungsprobleme. Erst die elektronische Vernetzung der Kammern ermöglichte es uns, diese Informationen tagesaktuell, weil elektronisch zu übermitteln. Arbeitstäglich sendet der DIHT - als Clearingstelle für Informationen - aus der Bonner oder Brüsseler Administration sowie aus der aktuellen hoheitlichen Rechtsprechung der Bundesgerichte etwa 50 bis 70 Informationen zu den verschiedenen Fachgebieten an die Industrie- und Handelskammern. Ein Teil dieser Informationen des täglichen DIHT-Informationsdienstes ist auch zur direkten Weitergabe an die Unternehmen geeignet beziehungsweise dafür vorgesehen. Dabei werden diese Informationen zunächst in Kurzform aufgearbeitet und genauso, als wären sie als kurze Pressemeldungen von Journalisten formuliert worden. Wer mehr erfahren will, kann hinter dieser Kurzmeldung den umfassenden Text der Information abfordern - im Internet oder online. Denn alle Kammern im Inland und alle Auslandshandelskammern sind online verknüpft. Im übrigen die einzige Unternehmensorganisation in Deutschland, in der dies so weit entwickelt ist, daß alle miteinander verknüpft sind.

Da 50 Industrie- und Handelskammern in der Bundesrepublik Deutschland bereits im Internet kommunizieren, können immer mehr Unternehmen diese Informationsschiene der Kammern auch direkt nutzen. Internetpräsentation - dies gilt auch seit Jahren für den DIHT, der dort derzeit mit etwa 500 Seiten präsent ist und alle wichtigen Informationen tagesaktuell einstellt. Auf der sogenannten Serviceschiene der Internet Homepage wird auch den Internetnutzern angeboten, Informationen zu den verschiedensten Gebieten beim DIHT anzufordern, wie zum Beispiel Publikationen zu den Bereichen Recht, Steuern, Außenwirtschaft, Marketing, Technologie, Umweltschutz.

Pionier in der Netzwerkkommunikation

Neuland ist die elektronische Kommunikation für die deutschen Industrie- und Handelskammern nicht. Schon sehr frühzeitig, lange bevor Internet weltläufig wurde, sind wir mit einem Teil unserer Informationen auf online-Dienste gegangen und mit der Entwicklung dieser Dienste mitgewachsen. Ebenfalls schon sehr frühzeitig haben wir Kooperationsbörsen entwickelt, mit denen Partner aus den Bereichen Handel, Produktion und Dienstleistungen zusammengeführt werden sollen und diese Kooperationspartner seit 1989 auf online-Diensten einem großen unternehmerischen Publikum offeriert. Inzwischen steht natürlich diese Kooperationsbörse auch im Internet. Das gleiche gilt für eine IHK-Technologiebörse, die Angebot und Nachfrage der verschiedenen Firmen nach moderner Technologie, nach modernem Know how zusammenbringt und somit Patentrecherchen ermöglicht. Diese Technologie ist auch auf CD-Rom verfügbar und wird an diejenigen Unternehmen geschickt, die nicht online angebunden sind.

Unternehmen, die wiederverwertbare Produktionsrückstände anbieten und solche, die die solche Produktionsrückstände für ihre Produktion suchen, werden in einer bundesweiten und inzwischen europaweiten Recyclingbörse fündig. Auch dies halten wir als Kammerorganisation online vor und haben uns beim Aufbau der europäischen Recyclingbörse mit anderen Kammerorganisationen zusammengetan.

Junge Akademiker, die die Universität verlassen oder junge Facharbeiter, die aus der unselbständigen Tätigkeit in eine eigene Existenz hinüberwechseln wollen, hilft die Existenzgründungsbörse. Dort werden Firmen angeboten, die einen Nachfolger suchen. Damit wird der erste Schritt in die Selbständigkeit wesentlich erleichtert. 50.000 bis 80.000 Anfragen pro Monat zeigen, wie stark diese elektronisch aufbereiteten Informationen abgerufen werden. Dabei darf man nicht vergessen, daß erst etwa fünf Prozent der deutschen Klein- und Mittelunternehmen an online-Dienste oder an das Internet angebunden sind. Viele deutsche Unternehmen - und da unterscheiden sie sich wesentlich von denen in den USA - haben noch eine Scheu, sich der neuen Möglichkeiten zu bedienen. Selbstverständlich können alle Daten und Informationen auch auf Papier gedruckt angefordert werden. Dies geschieht immer noch in hohem Maße.

Die deutschen Kammer halten weitere hochinteressante Datenbanken vor. So zum Beispiel das Firmeninformationssystem FIS mit einem Gesamtdatenbestand von allen handelsregisterlich eingetragenen Unternehmen in Deutschland - und dies sind über 1,1 Millionen. Diese Datenbank enthält zudem 800.000 Waren- und Produktangaben und 1,1 Millionen Ansprechpartner in den Firmen. Sie informiert über die Rechtsform, Beschäftstigungsgrößenklassen, Umsatz, sie informiert über Adressen und Untergesellschaften. Monatlich wird dieser Datenbestand aktualisiert. Noch ist der direkte Zugang zu dieser Datenbank ausschließlich den Industrie- und Handelskammern vorbehalten. Doch können Firmen diese Daten aus der Datenbank von ihrer Kammer oder aber auch von der zentralen Datenverarbeitungsgesellschaft der Kammern abfordern.

Die Informationsgesellschaft, in die wir immer mehr hineinwachsen, stellt an die deutsche Kammerorganisation weitere Anforderungen. Deshalb werden DIHT und Kammern ihr Informationsspektrum auf den weltweiten Infonetzen ausbauen. Das Internet und seine Expansion zwingt uns, mit dieser Entwicklung Schritt zu halten. Es ist vorgesehen, die Kommunikation der nationalen Kammernetze in Europa miteinander zu verknüpfen. Das heißt, durch Links werden wir auch in die Informationssysteme anderer europäischer Kammern verweisen oder einheitliche online-Dienste zusammen mit den anderen Kammerorganissationen entwickeln. Besonderes Interesse an dieser Verknüpfung hat die Europäische Kommission in Brüssel, weil sie über ein solch umfassendes Wirtschaftsnetz Europa wirtschaftsbezogene Nachrichten schneller zu den Unternehmen in Europa bringen kann.

Papier statt Festplatte

Lassen Sie mich zum Schluß nochmals kurz zu den Printmedien überleiten: Das tue ich nicht aus Gründen der Nostalgie. Der DIHT ist auch eine Nachrichtenagentur. Er ist eine Agentur für die Zeitschriften der Industrie- und Handelskammern und bleibt dies auch. Deshalb einige wenige Worte dazu: Mit einer Auflage von 2,7 Milionen Exemplaren erreichen 79 monatlich erscheinende Zeitschriften 4,5 Millionen Leser. Dies sind vor allem Führungskräfte aus der Wirtschaft. Denn nach einer vor kurzem abgeschlossenen Umfrage des führenden deutschen Meinungsforschungsinstituts erreichen diese regionalen Wirtschaftsmagazine 56 Prozent aller deutschen Führungskräfte. Dies ist eine Spitzenreichweite, die von keinem der deutschen Wirtschaftsmagazine erreicht wird. In Unternehmen mit einem Jahresumsatz von mehr als zehn Millionen D-Mark - und das ist ein großer Teil des die deutsche Wirtschaft tragenden Mittelstandes - beträgt die Reichweite sogar 64 Prozent.

Der Deutsche Industrie- und Handelstag verantwortet zentral die Grundversorgung dieser Zeitschriften mit unternehmensnahen Informationen aus der nationalen Wirtschafts- und Finanzpolitik. Aber der regionale Aspekt dieser Zeitschriften ist für die Unternehmen noch wichtiger. Bei Umfragen nach dem Leseverhalten und den Prioritäten der lesenden Unternehmer zeigt sich, daß Nachrichten aus der Region und über die Region ein herausragendes Interesse finden. Man will wissen, was in der Region geschieht, wie es den Zulieferern und auch den Konkurrenten in der Nachbarschaft geht und wie sich bestimmte politische Vorgaben auf die Region auswirken.

Neueste Umfragen zeigen uns auch, daß solche Zeitschriften und die gedruckten Spezialinformationen zu den Themen Außenwirtschaft und Steuern ihren hohen Stellenwert bei der Informationsbeschaffung der Unternehmen in Zukunft behalten werden. Genauso wenig wie PC, Internet, online-Dienste sowie die visuelle Kommunikation im Fernsehen die Tageszeitungen verdrängen können, genauso wenig wird in Zukunft die online-Information diese Printmedien überflüssig machen. Es wird immer noch das Wort unseres Altmeisters Goethe gelten: „Was man schwarz auf weiß besitzt, kann man getrost nach Hause tragen“.

Д-р Вальтер Кайзер[1]

Опыт использования новейших информационных технологий в коммуникации между Немецким Конгрессом торгово-промышленных палат, торгово-промышленными палатами и предприятиями

Организационная структура палаты

Немецкий Конгресс торгово-промышленных палат (DIHT), от имени которого я выступаю, является „крышей“ для 83 немецких торгово-промышленных палат, объединяющих 3,2 миллиона предприятий. Соответственно закону, членом Палаты в Германии может быть любое предприятие. Членами немецкой Палаты являются рестораны, таксопарки, крупные банки и сталелитейные предприятия. Следовательно, Палата - крупнейшее объединений предприятий Германии. Немецкий Конгресс торгово-промышленных палат представляет интересы входящих в нее предприятий в регионе на коммунальном и земельном уровнях исполнительной власти.

Немецкий Конгресс торгово-промышленных палат (DIHT) всегда там, где находится резиденция федерального правительства. На федеральном уровне он представляет интересы немецкой экономики в Бонне (в будущем - в Берлине), на европейском уровне в Европейской комиссии - в Брюсселе.

Коммуникационные сети

Мы знаем, что представлять интересы возможно только через коммуникацию. Палаты и Конгресс должны знать, какие проблемы у предприятий, какова их (экономическая - Прим. Ред.) ситуация, что они хотят изменить, чтобы их политика была понята всеми сторонами. И тогда возникает взаимная потребность в информации. Ведь политика

---

[1] *Зам. председателя Немецкого Конгресса торгово-промышленных палат*

тоже хочет знать, каково состояние немецкой экономики и отдельно взятых немецких предприятий. Со своей стороны предприятия вправе и хотят знать, какие политические решения для них важны, какие новые законодательные акты их затрагивают. Эти информационные потребности способствуют рождению прочной коммуникационной сети. Коммуникационная сеть соединяет Конгресс, 83 палаты и их 110 коммерческих филиалов, разбросанных по всей федерации. К ней подключена другая сеть, которую мы создали по всему миру - с 70 зарубежными филиалами палаты, представляющими немецкую экономику. Зарубежная сеть помогает немецким предприятиям эффективнее вести свои дела за границей. С другой стороны, мы также помогаем предприятиям зарубежных стран налаживать экономические связи с немецкой экономикой. Одно из таких представительств немецкой экономики, объединенное в этой сети, находится в Москве уже в течение 6 лет. Есть представительства в Санкт-Петербурге и Новосибирске. Функционируют также представительства и в других странах СНГ - в Киеве, Ташкенте, Алма-Аты и Минске.

По моему мнению, плотная коммуникационная сеть немецких палат гарантирует партнерство предприятий. Это дает возможность для оптимального обмена важными данными и информацией в различных направлениях - от политики к экономике, от экономики к политике и от экономики к экономике. Наряду с двусторонним потоком информации, эта сеть позволяет обеспечить обмен опытом между предприятиями. Эта сеть имеет большое преимущество, состоящее в том, что предприятия всегда хотят учиться друг у друга, чтобы иметь на рынке лучшие позиции.

Для наглядности позвольте привести несколько примеров. Палаты выясняют в регионах на отдельных предприятиях планы по приему на работу новых сотрудников и увольнению, конъюнктуру на рынке экспорта, инвестиционные планы и программы ценообразования. Все эти данные суммируются, анализируются и передаются дальше Немецкому Конгрессу торгово-промышленных палат (DIHT), который затем соединяет их в общую картину экономической ситуации в Германии, информируя политику и общественность. Таким образом все стороны - и принимающие политические решения, и предприятия получают актуальный анализ экономического положения страны и перспектив его дальнейшего развития. Этим мы занимаемся дважды в год.

Если политическим структурам нужно проинформировать отдельные предприятия об определенной информации, например о новых нужных программах предприятий в регионах, то они передают эту информацию Конгрессу палат (DIHT) для ее дальнейшего распространения. Если предприятиям нужны специалисты, чтобы оценить сложные обстоятельства своих дел, например получить лицензию, тогда Немецкий Конгресс торгово-промышленных палат через свою информационную сеть разыскивает по всей федерации нужных экспертов. Коммуникационная сеть может и предостерегать против грязных дельцов. Если одна из региональных торгово-промышленных палат определяет, что какая-то из фирм предлагает сомнительный бизнес, то по коммуникационной системе информация об этом в виде предостережения будет передана всем предприятиям, которых это касается или угрожает.

Еще в недавнем прошлом этот поток коммуникации был не поворотлив, так как требовалось многое транспортировать с помощью бумаги, письменных документов и даже проводить личные беседы или семинары. Из-за этого возникали значительные временные задержки и проблемы с разработками. Помогла избежать этого компьютерная сеть палат, позволившая передавать ежедневно актуальную информацию по электронным каналам. Ежедневно Немецкий Конгресс торгово-промышленных палат (DIHT), будучи по сути клиринговым центром, передает региональным палатам информацию из различных областей - около 50-70 сообщений - из Боннской администрации и Брюссельской штаб-квартиры, а также из федерального Конституционного суда. Часть такой информации Ежедневной информационной службы Немецкого Конгресса торгово-промышленных палат (DIHT-Informationsdienst) предназначается для прямой передачи предпринимателям. Для этого информация излагается в краткой форме - точно также, как короткие сообщения, подготовленные журналистами. Те предприниматели, которые хотят узнать больше, могут затребовать развернутый текст информации - по Интернету или on-line. Ведь все палаты в стране и все зарубежные торговые палаты объединены сетью on-line. Впрочем, отдельные предприимчивые и хорошо развитые предпринимательские единицы в Германии тоже подключены к ней.

Поскольку 50 торгово-промышленных палат (IHK) в Германии уже подключено к Интернету, все больше предприятий может напрямую использовать этот канал связи. В „меню" Интернета, а Немецкий Конгресс торгово-промышленных палат (DIHT) пользуется его услугами многие годы, размещается в настоящее время около 500 страниц актуальной информации Конгресса. Из сервисной службы Интернета - Home Page - пользователь может запросить любую информацию из различных областей Немецкого Конгресса торгово-промышленных палат (DIHT), например, публикации по законодательству, о налогах, об экономике зарубежных стран, маркетинге, технологиях, защите окружающей среды.

Пионер в области коммуникационных сетей

Электронная коммуникация - не новшество для немецких торгово-промышленных палат. Уже задолго до того, как Интернет стал доступен всему миру, мы пользовались для передачи части нашей информации службами On-line и „выросли" вместе с их развитием. Также достаточно давно нам удалось внедрить кооперацию бирж, партнерами которых должны были стать отрасли торговли, индустрии и сферы услуг. С 1989 г. это кооперационное партнерство на базе служб On-line охватило большое предпринимательское пространство. Между прочим лишь затем кооперация бирж появилась и в Интернете.

По тому же принципу действует единственная биржа технологий Торгово-промышленных палат (IHK-Technologiebörse): она помещает информацию о предложениях и спросе различных фирм на современные технологии и ноу-хау, делая возможным поиск патентов. Подобная технология представлена также в CD-ROM и рассылается тем предприятиям, которые не подключены к системе On-line. Предприятия, предлагающие остатки своей продукции для вторичного использования, и предприятия, которые ищут такие остатки для своей продукции, можно найти на национальной и общеевропейской биржах. Для этих целей мы также используем службы On-line, находящиеся в организационных структурах палат. В настоящее время мы работаем над созданием Европейской биржи специального профиля, соединенной сетью с региональными торгово-промышленными палатами.

Выпускникам, закончившим университет, или молодым специалистам, которые учебную деятельность хотят сменить на самостоятельную, помогает биржа по формированию основ существования. Она предлагает фирмы, ищущие преемников. Этим существенно облегчается первый шаг к самостоятельности. От 50 000 до 80 000 запросов в месяц показывают, каким большим спросом пользуется эта электронно обработанная информация. Однако нельзя забывать, что только около 5 % немецких малых и средних предприятий подключены к службам On-line и к Интернету. Многие немецкие предприятия - и в этом они значительно отличаются от предприятий в США - еще боятся использовать новые возможности. Конечно, все данные и информация могут быть получены напечатанными на бумаге. Это до сих пор широко распространено.

Немецкие палаты сообщают следующие чрезвычайно интересные банки данных. Такова, например, информационная система фирм - (FIS) со всем массивом данных торговых, промышленных предприятий и зарегистрированных обществ в Германии. Их насчитывается больше 1,1 млн. Кроме того, этот банк данных содержит 800. 000 данных о товарах и продуктах и 1,1 млн. партнере по переговорам в фирмах. Этот банк данных информирует о правовой форме, количестве занятых, товарообороте, об адресах и соучредителях. Ежемесячно этот объем данных актуализируется. Прямой доступ к этой базе данных, включая торгово-промышленные палаты (IHK), еще сохранен. Однако фирмы могут затребовать любые данные из базы данных от их палаты, но также и из центрального общества обработки данных палат.

Информационное общество, в которое мы все больше вырастаем, предъявляет объединению палат дальнейшие требования. Поэтому Немецкий Конгресс торгово-промышленных палат (DIHT) и сами палаты будут распространять свой спектр информации по различным коммуникационным сетям. Интернет и его повсеместное распространение заставляет нас считаться с этим достижением. Уже предусмотрено, что национальные сети торгово-промышленных палат Европы будут подсоединяться друг к другу. Это значит, что по-пиратски можно будет войти в информационные системы других европейских палат, или мы должны развивать единые службы On-line вместе с другими палатами. Особый интерес к этому объединению проявляет Европейская комиссия в Брюсселе, потому что такая обширная сеть поможет предпринимателям в Европе быстрее получать экономические новости.

Бумага вместо жесткого диска

Позвольте мне в заключение коротко рассказать о нашей прессе. Я делаю это не из-за ностальгии. Немецкий Конгресс торгово-промышленных палат (DIHT) является одновременно информационным агентством. Это - агентство журналов Промышленно-торговых палат, и оно таковым останется. Несколько слов в добавление к сказанному. 79 ежемесячно издающихся журналов тиражом в 2,7 млн экземпляров поступают к 4,5 млн читателям. В их числе прежде всего - руководители отраслей экономики. По данным недавно проведенного закрытого опроса одним из ведущих институтов исследования общественного мнения, региональные экономические журналы читает 56 % всех руководящих работников. Это - предел, который не может достичь никакое другое немецкое издание экономического профиля. Предприятия с годовым оборотом более 10 миллионов немецких марок, а это - большая часть среднего сословия немецкой экономики, составляют 64 %.

Немецкий Конгресс торгово-промышленных палат отвечают за централизованное обеспечение этих журналов бизнес-информацией, а также информацией из областей национальной экономической и финансовой политики. Однако региональный аспект для этих изданий все же важнее. При опросе читателей о их отношении к такой информации и их приоритетах выяснилось, что информация из регионов о регионах наиболее интересна для реципиентов. Читатель хочет знать, что происходит в регионе, как обстоят дела у поставщиков и конкурентов, находящихся по соседству, и как определенные политические действия влияют на регион.

Последние опросы показывают, что такие журналы и издаваемые специальные бюллетени по вопросам международной экономики и налогообложения сохранят и в будущем свою ценность в информационных потребностях предпринимателей. Как сегодня нереально исключить из нашей жизни Интернет, компьютер или On-line, а также телевизуальную информацию, так нельзя и в будущем считать информацию On-line для печатных СМИ излишней. Слова великого мастера прошлого Гете не теряют своей актуальности: "Спокойно мы тетрадь домой несем: топор не вырубит, что писано пером". («Фауст» Гете)

Перевод Веры Тычковой, студентки 3 курса СвРГИП.
Übersetzung von Vera Tytschkowa, Studentin im 3.Studienjahr des FRDIP

*Alexander A. Koltschin**

Neue Technologien der Informationsverbreitung am Beispiel der Pagingnetze

Im Bewußtsein der meisten Menschen ist der Pager heute nicht mehr als ein bequemes, leichtes und billiges Gerät, das es ermöglicht, praktisch in jedem Moment und an jedem Platz kurze Informationen elektronisch zu empfangen. Journalisten, vor allem Reporter und Vertreter anderer Berufe, die Informationen sammeln, bearbeiten und weitergeben müssen, haben schon den nächsten Schritt in der Pagernutzung gemacht. Doch meiner Meinung nach sehen auch die Journalisten noch nicht alle Perspektiven, die das Paging ihnen eröffnet.

Die heutige Revolution in der Wissenschaft und Technologie ist in erster Linie die Revolution im Bereich des Computernetzes und der Telekommunikation. Diese Revolution ist nach ihrer Bedeutung für die Journalistik (als dem wichtigsten Bereich der Verbreitung von Informationen) nur mit zwei revolutionären Entwicklungsstufen der Menschheit vergleichbar. Die erste Stufe ist die Erfindung des Buchdrucks, die zweite das Auftreten der elektronischen Massenmedien. Das hängt damit zusammen, das die Konzeption der elektronischen Telekommunikation im 21. Jahrhundert aus dem Prinzip der Individualisierung besteht - der Schaffung eines informellen Zutrittes zu jeder konkreten Person. Es geht um den Zugang zur Information genau in dem Moment, in dem der Mensch sie bekommen will oder in dem Moment, in dem sie geschieht, unabhängig davon, wo man sich in diesem Moment gerade befindet.

Da mobile Geräte des Informationsempfangs im 21. Jahrhundert genauso üblich sein werden, wie heute der Walkman am Gürtel von Jugendlichen, ist heute unser Zweig der Telekommunikationsindustrie wichtiger, als viele andere ihrer Bereiche. Es ist an dieser Stelle nützlich, sich der jüngeren Entwicklung des Paging in Europa zu erinnern: Das Massenauftreten von Han-

---

* *Vizepräsident der Gesellschaft "Mobil TeleCom" (Rußland)*

dys mit *GSM*-Standart, die es ermöglichen, einen *Short message service* in Anspruch zu nehmen, haben viele Experten als Anfang vom Ende der Pagingindustrie bezeichnet. Die größten Pessimisten prophezeiten einen baldigen Zusammenfluß des Paging mit mobilen Telefonverbindungen - und damit die völlige Auflösung der Pagingindustrie. Die ersten zwei Jahre seit der Einführung des *GSM*-Standart schienen zu zeigen, daß diese Voraussagen in Erfüllung gehen könnten. Die Abnahme des Interesses für das Pagingnetz war eine europaweite Entwicklung.

Seit Mitte 1996 beherrschen die Pagingfirmen einige neue Methoden der Informationsverbreitung zwischen ihren Kunden. Es entstanden Informationskanäle, die nach dem Abonementprinzip organisiert werden. Nach Struktur und Inhalt erinnern sie an die Nachrichtenstreifen der Agenturen. Doch die Informationskanäle stellen nicht nur einen stetigen Informationsfluß dar, sondern einen Informationsfluß, der maximal den Bedürfnissen der Kunden der Pagingfirmen entspricht.

Seitdem die europäischen Pagingfirmen Informationskanäle praktisch einsetzen, hat sich die Situation auf dem Kontinent jedoch total verändert. Während des letzten Jahres verzeichnete man eine Zunahme der Zahl der Pagingabonenten in Frankreich von etwa 150 Prozent (heute gibt es dort 1,5 Millionen Menschen, die einen Pager in der Tasche oder am Gürtel haben), in Portugal 137 Prozent, in Spanien 120 Prozent, in den Niederlanden 85 Prozent. Solch eine Zunahme der Kundenzahl, obwohl in diesen Ländern die Infrastruktur und das System der Mobiltelefonverbindung sehr gut entwickelt sind, verbinden die Experten mit einer prinzipiell neuen Einstellung zum Paging. Die Marktführer und die offizielle Vereinigung -die Europäische Vereinigung der Pagingverbindungen- sprechen heute über drei Etappen der Pagingentwicklung: Auf der ersten Etappe war es nur ein System der Benachrichtigung, auf der zweiten ein System der persönlichen Benachrichtigung, und auf der dritten, man kann sagen, der heutigen, ein System der Informationsverbreitung unter Abonnenten.

Als konkretes Beispiel möchte ich das Projekt *Skytel* anführen, das von der Firma T-Mobil realisiert wurde. Außer dem gewohnten System der persönlichen Verbindungen und der traditionellen Informationskanäle, bietet das Projekt den Abonnenten 239 Informationsprogramme an. Diese Informationsprogramme erinnern an die Nachrichtenbändern von Agenturen, doch im Vergleich zu jenen wird das Profil der "Pagingbändern" nach den Bedürfnissen eines jeden Kunden individuell ausgerichtet.

Die Meinung, daß mit dieser Entwicklung von T-Mobil das letzte Wort in der Pagingentwicklung gesprochen wäre, ist wahrscheinlich nicht ganz richtig. Die heutigen telekommunikativen Errungenschaften bieten die Möglichkeit, Informationen durch online-Dienste, also per Internet, zu erhalten. Auf diese Weise entsteht ein System der Informationsverbreitung, das sich im voraus abonnieren läßt und das auch während genügend langer Zeit konstant bleibt. Schließlich gibt es schon einige Ideen, das Informationssystem, das sich schwer an den konkreten Kunden adaptieren läßt, in ein neues, recht kompliziertes zu transformieren, das die Anpassung an das individuelle Profil des Kunden erlaubt.

Selbst nach pessimistischen Voraussagen wird es im Jahr 2000 in der ganzen Welt 150 Millionen Abonnenten von Pagingverbindungen geben. Man kann sagen, daß diese Zahl gar nicht so hoch sei, doch andererseits ist das die Bevölkerungszahl unseres ganzen Landes. Das potentielle Interesse all dieser Menschen an diesem Informationssystem, in dem die Informationsverbreitung auf individuelle Anfrage vorgesehen ist, und in dem man die Information unabhängig davon erhält, wo man sich gerade befindet, kann einen sehr starken Einfluß auf die weltweite Journalistik haben. Sobald der Journalist mit diesem Informationsfluß verbunden ist, kann es eine "verspätete Nachricht" überhaupt nicht mehr geben. Die Information kommt immer rechtzeitig, gleich, wo Sie sich befinden.

.

Übersetzung: Darja Brjanzewa, Studentin im 4. Studienjahrdes FRDIP
und Karsten Gravert, Gaststudent des FRDIP aus der Universitaet Marburg

А.А.Колчин[*]

Новые нетрадиционные технологии распространения информации на примере пейджинговых сетей

В сознании большинства людей пейджер сегодня - не более чем очень удобное, легкое и дешевое устройство, позволяющее получать короткие сообщения практически в любой момент и любом месте. Несколько дальше пошли журналисты, в первую очередь репортеры, и представители других профессий, которым требуется сбор и обработка новостей (в широком смысле) и донесение их до других. Но, на мой взгляд, даже журналисты не до конца осознают, какие возможности открывает перед ними пейджинг.

Нынешняя научно-техническая революция является прежде всего революцией в области компьютерных сетей и телекоммуникаций. По своему значению для журналистики (как области распространения информации) она сопоставима с двумя революционными этапами в развитии человечества. Первый - изобретение книгопечатания, а второй - появление электронных СМИ. Это связано с тем, что концепция электронных телекоммуникаций XXI века зиждется прежде всего на индивидуализации, на создании доступа к каждому конкретному человеку. И не просто доступа, а именно в тот момент, когда этот человек хочет получить информацию, или когда происходит нечто, что заинтересует его вне зависимости от того, где он в данный момент находится.

Поскольку мобильные средства приема информации станут в XXI веке столь же привычными, как сегодня плейер на поясе у молодых, наша ветвь телекоммуникационной индустрии оказалась впереди многих других отраслей. Здесь уместно вспомнить о недавней ситуации в развитии пейджинга в Европе. Появление массовых сотовых телефонов стандарта GSM, позволяющих использовать службу коротких сообщений (Short message service), многие эксперты назвали началом упадка пейджинговой индустрии. А самые пессимистичные предрекали

---

[*] *Вице-президент компании "Мобил ТелеКом" (Россия)*

скорое слияние пейджинга с системами сотовой связи и полное его растворение в них. И первые два года с момента введения стандарта GSM казалось, что предсказания эти полностью сбудутся - снижение интереса к пейджинговой связи было повсеместным явлением в Европе.

В середине 1996 г. пейджинговые компании освоили новые способы распространения информации среди своих клиентов. Возникли информационные каналы, организованные по принципу подписки. По своей структуре и содержанию информации они напоминают новостные ленты информационных агентств. Но, в отличие от ленты новостей, информационные каналы представляют собой не просто непрерывный поток новостей, а поток, максимально приближенный к потребностям клиента пейджинговой компании.

С того момента, когда европейские пейджинговые компании приступили к активному внедрению информационных каналов, ситуация на континенте кардинально изменилась. За последний год во Франции отмечен рост числа абонентов пейджинговых компаний, составивший 150 % (сегодня там насчитывается 1,5 млн человек с пейджерами на поясе или в сумочке), в Португалии - 137%, в Испании - 120%, в Нидерландах - 85 %. Столь резкий рост количества клиентов при наличии развитой инфраструктуры и системы сотовой телефонной связи эксперты связывают прежде всего с принципиально новым подходом к пейджингу. Лидеры индустрии и профессиональное общественное объединение - Европейская Ассоциация пейджинговой связи - говорят сегодня о трех этапах развития пейджинга. На первом этапе - это всего лишь система оповещения, на втором - система персонального оповещения, а на третьем, можно сказать, нынешнем - система подписного распространения информации.

Приведу конкретный пример: проект Skytel, который был реализован компанией T-Mobil. Он предлагает, помимо привычной системы персональной связи и традиционных информационных каналов, подписку на 239 информационных программ. Эти информационные программы в каком-то смысле напоминают новостные ленты, но, в отличие от ленты информационных агентств, профиль "пейджинговой ленты" формируется индивидуально для каждого абонента по его требованию. Однако считать, что опыт T-Mobil - это последнее слово пейджинговой индустрии, было бы, наверное, не совсем правильно. Потому что сегодня телекоммуникационные разработки и современное программное обеспечение позволяют получать информацию в режиме Онлайн, используя компьютерную сеть Интернет. Таким образом, формируется система распространения информации, на которую абонент подписывается заранее и которая не меняется в течение достаточно длительного времени.

Наконец, уже существуют замыслы трансформировать систему распространения информации, которая с трудом адаптируется к конкретному пользователю, к необычно сложной, допускающей формирование по индивидуальному профилю. По самым пессимистичным прогнозам, в 2000 году во всем мире будет насчитываться 150 миллионов абонентов пейджинговых сетей. Можно считать, что это мало, но ведь, с другой стороны - это население целой страны. Потенциальный интерес всех этих людей к информационной системе, в которой распределение информации будет происходить по индивидуальному запросу, а потребитель сможет получать ее независимо от того, где он находится, может серьезно повлиять на мировую журналистику. Ведь с момента, когда новостной поток привязан к журналисту, понятие "новость, пришедшая не вовремя", просто-напросто исчезает. Потому что новость придет всегда вовремя, где бы вы ни были.

Перевод на немецкий язык
Дарьи Брянцевой и Карстена Граверта
Übersetzung aus dem Russischen
Darija Brjanzewa und Karsten Gravert

*Boris N. Lossowski**

Neue Medien für eine neue Welt?

Ich bedanke mich für die Einladung zu diesem sehr interessanten Symposium. Für mich ist es schon das zweite Mal in den letzten 70 Tagen, daß ich an solch einem wissenschaftlichen Forum teilnehme. Vor kurzem hatten wir an unserer Fakultät für Journalistik eine internationale wissenschaftliche Konferenz mit Kollegen aus den USA unter dem Motto „Für eine neue Welt - neue Medien". Und heute besprechen wir den ganzen Tag mit den deutschen Kollegen die Probleme der neuen Medien.

Ich bin zu folgenden Ergebnissen gelangt: Internet und neue Technologien haben selbstverständlich so viele Vorzüge, daß es sinnlos wäre, zu polemisieren, oder eine Gegenposition gegen sie einzunehmen. Dennoch möchte ich gerne einige Überlegungen vortragen:

Erstens. Der Einsatz neuer Informationstechnologien führt zu einer gewissen Einförmigkeit der Veröffentlichungen in ihrem Äußeren, in ihren Gestaltungselementen usw.

Ein Autor der Zeitschrift „Journalist" hat sogar geschrieben: „Wenn ich die bunt glänzende Titelseite einer Zeitschrift sehe, habe ich schon keine Lust mehr, sie zu lesen".

Zweitens. Neue Technologien beeinflussen die Inhalte der Printmedien. Man geht ins Internet, nimmt von dort Informationen, klassifiziert sie und gibt sie als eine Zeitung heraus. Es geht um folgendes: Diejenigen, die Möglichkeiten und die nötige Ausrüstung dazu haben, brauchen keine Ausbildung, geschweige denn die eines Journalisten. Trotzdem arbeiten sie aber als Journalisten, geben Zeitungen und sonstige Publikationen heraus.

Dazu möchte ich ein Beispiel anführen, meines Erachtens ein sehr lustiges und interessantes. In Nowyj Urengoj (Sibirien) wurde eine auflagenstarke Zeitung von einer Gruppe junger Menschen gegründet. Die Finanzierung geschah aus Geldern der GASPROM, die Leser waren Facharbeiter und Bohrmeister der Erdgasindustrie. Diese Zeitung heißt „Burowaja" („Bohrturm"). Die jungen „Herausgeber" konnten mit den neuen Technologien und dem Internet umgehen.

---

* *Prof. Dr. Dekan der Fakultät für Journalistik der Staatlichen Ural-Universität, Jekaterinburg*

Was glauben Sie nun, war in dieser Zeitung zu finden? Der letzte Skandal um Michael Jackson, die Geschichte über Sindy Crawford, allgemeine Informationen über westliche Kultur und Kunst. Dann habe ich in der Redaktion nachgefragt: „Wo sind Artikel über die Ereignisse um die Bohrtürme? Wo ist das Bild der Menschen, die hier tätig sind? Wo sind ihre Problemen, ihre Meinungen?“

In der Redaktion wurde mir geantwortet: „Dafür brauchen wir eigene Korrespondenten. Doch die haben wir bislang noch nicht. Dafür haben wir aber Jungs, die mit dem Internet umgehen können“. Selbstverständlich ist diese Zeitung so weit von dem eigentlichen Sinn einer Zeitung entfernt, wie ein «Linotyp», den wir früher für den Druck benutzt haben, vor den neuen Informationstechnologien.

Es gibt heute unter Presseleuten einen populären Begriff: «Background». Die urspruengliche Bedeutung des Begriffs ist «Hintergrundinformationen», also ausführliche Statistiken, gründliche Recherche usw. Bei uns bedeutet «Background» mittlerweile Informationen aus zweiten Hand, Informationen also, die bereits von jemanden gesammelt, verarbeitet und herausgegeben wurden. Das bedeutet, daß der Journalismus seine eigentliche Bedeutung verliert. Und das ist schlecht für den Leser.

Die Computerisierung unseres Berufs erleichtert die journalistische Tätigkeit, gleichzeitig stellt sie aber höhere intellektuelle Anforderungen an die eigentliche Arbeit des Journalisten.

.

Übersetzung: Vera Tytschkowa und Karsten Gravert

*Б. Н. Лозовский**

Новые СМИ для нового мира?

Спасибо за приглашение участвовать в такой интересной конференции. Так случилось, что за 70 дней я участвую во второй подобной конференции. Только что мы на нашем факультете вместе с американскими коллегами провели трехдневную международную научную конференцию под названием «Новому миру - новые СМИ», а сегодня мы с немецкими коллегами весь день обсуждаем ту же тему.

И вот к каким выводам я пришел. Разумеется, Интернет и новые информационные технологии имеют такое огромное количество плюсов, что спорить с ними или, скажем, что-то противопоставлять им, совершенно бессмысленно. Тем не менее несколько рассуждений на этот счет хочется изложить.

Во-первых, мы сталкиваемся с тем, что использование новых информационных технологий нередко приводит к некоторому однообразию изданий и, в частности, их внешнего вида, элементов оформления и т.д. Один из авторов журнала «Журналист» даже написал: «Когда я вижу пеструю блестящую обложку журнала, у меня пропадает желание его читать».

Во-вторых, новые технологии влияют на содержание изданий. Вышел в «Интернет», отобрал там информацию для публикации и выдал в виде газетных страниц. Дело в том, что люди, которые обладают такой возможностью и имеют такое оборудование, могут не иметь журналистского образования, они вообще могут не иметь никакого образования, а журналистикой заниматься, делать газету и любое другое издание. Приведу пример, на мой взгляд, любопытный и забавный. В Новом Уренгое группа молодых людей решилась на деньги Газпрома издавать многотиражную газету для буровых и специалистов, которые пытаются найти газ. Газета называется „Буровая". Молодые „издатели" освоили Интернет и компьютерную технику.

**Профессор, доктор филологических наук, декан факультета журналистики Уральского госуниверситета (г. Екатеринбург)*

Ну и что вы думаете в этой газете? Там есть все. Очередной скандал с Майклом Джексоном, истории о Синди Кроуфорд, материалы о том, что творится вообще на Западе в разных областях жизни, в частности - в культуре и искусстве. Я спрашиваю в редакции газеты: «Ну а где материалы о том, что происходит на буровой? Где портрет того человека, который занимается бурением скважин, его мнение, где его точка зрения, его оценки?»

Мне отвечают: „ Для этого нужны корреспонденты, а их у нас пока нет. Зато у нас есть ребята, которые умеют входить в Интернет". Разумеется, это издание так же далеко от самого понимания газеты, как и новые информационные технологии далеки от линотипов, которые раньше использовались для печати.

Есть сегодня в среде делающих прессу популярный термин - „бэкграунд". Теперь всё называют «бэкграунд», хотя его изначальное значение заключается в насыщении материалов более подробной статистикой, сведениями, которые нужно разыскать и получить. У нас же „бэкграунд" - это информация «из вторых рук», которая уже кем-то собрана, обработана и выдана в свет. Это значит, что журналистика теряет значение профессии, заключающейся в поиске и обработке новости, а это плохо для читателя.

Компьютеризация нашей профессии означает облегчение журналистского ремесла, но она сопровождается более высокими интеллектуальными требованиями к самому труду журналиста.

Anhang

Das Freie Russisch-Deutsche Institut für Publizistik an der Staatlichen Lomonossow-Universität, Moskau

Von den mehreren tausend Journalistikstudenten an der Lomonossow-Universität in Moskau sind etwa hundert deutschsprachig. Sie bildeten schon immer an der Fakultät eine besondere Gruppe, denn sie verbindet gleiche Ziele: Sie möchten eines Tages bei oder für deutschsprachige Medien oder für deutsche Unternehmen in Rußland als PR-Mitarbeiter dauerhaft tätig werden. Und: sie haben ein außerordentliches Interesse an Deutschland, seinen Menschen, vor allem an seiner Staatsform. Diese Studenten zu fördern, ihnen Deutschland und die deutsche Demokratie näher zu bringen und ihre Berufschancen zu verbessern, ist wesentliches Ziel des Freien Russisch-Deutschen Instituts für Publizistik an der Journalistischen Fakultät der Staatlichen Lomonossow-Universität, Moskau. Bereits heute sind die Journalisten am FRDIP für deutsche Unternehmen und Institutionen interessante Komunikatoren, da sie parallel zu ihrem Studium an wichtigen russischen Medien und als russische Korrespondenten für deutsche Medien aktiv publizistisch tätig sind. Umgekehrt sollen junge deutsche Journalisten im Kontakt mit ihren russischen Kollegen einen fundierten, vor allem auf persönlichen Kontakten beruhenden Einblick in die besonderen Verhältnisse Rußlands erhalten.

Die Gründung

Am 21. April 1993 beschlossen die Journalistische Fakultät der Lomonossow-Universität in Moskau, vertreten durch dessen Dekan, Professor J. N. Sassurski, und das F.A.Z.-Institut für Medienentwicklung und Kommunikation GmbH in Frankfurt am Main, vertreten durch dessen Geschäftsführer Dietrich Ratzke, den stufenweisen Aufbau eines Freien Russisch-Deutschen Instituts für Publizistik (FRDIP). Das FRDIP wurde offiziell in einer akademischen Feier am 18. Oktober 1994 eröffnet. Der Botschafter der Bundesrepublik in Rußland, Otto von der Gablentz, durchschnitt gemeinsam mit dem Dekan der Journalistischen Fakultät, Professor Sassurski, symbolisch das Band im Eingang zum FRDIP. Der Vertreter des Patriarchen der Russisch-Orthodoxen Kirche segnete das Institut.

Das Statut, der Sitz
Nach dem Statut ist das FRDIP eine unabhängige, parteiungebundene wissenschaftliche Non-Profit-Institution, ein Teil der Staatlichen Lomonossow-Universität Moskau. Das FRDIP ist die erste Institution dieser Art in der Geschichte beider Länder. Sein Sitz ist an der Fakultät für Journalistik im alten Gebäude der Lomonossow-Universität gegenüber dem Kreml.
Die Aufgaben
des FRDIP sind:

- die Aus- und Weiterbildung qualifizierter Journalisten für die russischen und europäischen Medien;
- die Aus- und Weiterbildung von Redaktionsfachleuten in den Bereichen Marktwirtschaft, Öffentlichkeitsarbeit, Management- und Medien-Marketing bzw. in der Werbung zu ermöglichen;
- die Aus- und Weiterbildung der Journalisten, die über Deutschland bzw. über deutsche Probleme in Rußlandmedien schreiben, zu fördern,
- die russische journalistische Ausbildung in das europäische System zu integrieren;
- eine Entideologisierung des Lernprozesses in der Journalistik-Ausbildung in Rußland zu fördern;
- die Vertiefung der russisch-deutschen Beziehungen auf verschiedenen Gebieten zu fördern;
- verschiedene Möglichkeiten der Zusammenarbeit zwischen russischen und deutschen Wissenschaftlern und Praktikern auf dem Gebiet der Publizistik auszubauen und eine Integration zu organisieren;
- entsprechende Hilfen für die Fakultäten und Abteilungen für Journalistik der Russischen Föderation bei der Aus- und Weiterbildung der jungen Journalisten, z. B. in Jekaterinburg (früher Swerdlowsk), Rostow am Don, Kazan', Woronesh und anderen zu vermitteln.

Das Institut kümmert sich vor allem auch um den beidseitigen Austausch von Medienwissenschaftlern sowie Journalisten und Studenten aus der Bundesrepublik und Rußland. Es organisiert im Rahmen seiner Mittel Aktivitäten und Veranstaltungen. Bis heute (Sommer 1998) haben etwa 160 Studentinnen und Studenten die Ausbildung des FRDIP durchlaufen. Nahezu alle Absolventen erhielten dank ihrer zusätzlichen Ausbildung im FRDIP attraktive Arbeitsplätze in Rußland oder Stipendien für ein Folgestudium in Deutschland und anderen europäischen Ländern (z.B. in Österreich). Die Studiengänge sind auf jeweils etwa 30 Studierende begrenzt.

Die Aufnahmeprüfungen

Zu den Aufnahmetests (schriftlich und mündlich) zugelassen werden Universitätsstudenten, die Deutsch frei sprechen können. Regeln zum kreativen Wettbewerb, die für die Fakultät für Journalistik der Moskauer Lomonossow-Universität vorgesehen sind, sind auch gültig für die Bewerber um einen Studienplatz am FRDIP. Das Hauptkriterium für den Wettbewerb sind gute Sprachkenntnisse. Die Auswahl erfolgt durch eine russisch-deutsche Kommission.

Das Studium

Das Programm des Studiums basiert auf den Studienplänen der entsprechenden Institutionen für Publizistik bzw. Journalistik der deutschen Universitäten. Die Lehrveranstaltungen werden am FRDIP, bis auf einige Ausnahmen, in deutscher Sprache abgehalten. Das Prüfungssystem ist dem der Bundesrepublik gleichgestellt. Ein integriertes Volontariat ist vorgesehen. Das Studium ist für Staatsbürger der Bundesrepublik Deutschland und der Russischen Föderation (Studenten der Moskauer Lomonossow-Universität) kostenlos. Bewerber aus anderen Ländern müssen Studiengebühren bezahlen. Von den zur Verfügung stehenden Plätzen müssen, genau wie in Deutschland, maximal sechs Prozent an ausländische und staatenlose Antragsteller vergeben werden (nicht mehr als drei Plätze).

Die Mittel

Die notwendigen Mittel für das Institut stammen überwiegend aus Spenden und Zuwendungen von Stiftungen und anderen Institutionen.

Der wissenschaftliche Beirat

Zu dem wissenschaftlichen Beirat, der paritätisch von russischen und deutschen Medienwissenschaftlern besetzt wird, gehören von deutscher Seite Professor Dr. Rager, Institut für Journalistik an der Universität Dortmund, und Professor Dr. Wilke, Institut für Publizistik, Mainz. Auf russischer Seite sind Akademiemitglied Victor Sadownitschij , Rektor der Lomonossow-Universität, Prof. Dr. Jassen Sassurski, Dekan der journalistischen Fakultät, und Prof. Dr. Nikolai Schmeljow, Stellv. Direktor des Europa-Instituts, Moskau, Mitglieder des wissenschaftlichen Beirats.

Das Kuratorium

Als Kuratoren haben sich die Herren Dr. Walter Kaiser, DIHT, Matthias Kleinert, Daimler Benz AG, Dr. Walter Richtberg, dpa, und Prof. Otto Wolff von Amerongen (i.V. Wolfgang Weidmann, Geschäftsführer der Otto Wolff von Amerongen-Stiftung) zur Verfügung gestellt. Auf russischer Seite fungiert Wladimir Markow, ehemaliger Vorsitzender der Geschäftsführung von RIA-Nowosti.

СВОБОДНЫЙ РОССИЙСКО-ГЕРМАНСКИЙ ИНСТИТУТ ПУБЛИЦИСТИКИ МГУ имени М.В.ЛОМООСОВА

Среди тысяч студентов факультета журналистики МГУ им. М.В. Ломоносова сотня владеет немецким языком. Эти студенты всегда представляли на факультете особую группу, которую объединяли единые цели: когда-нибудь они хотели бы работать в немецкоязычных СМИ или в PR-отделах немецких фирм в России. Они проявляют большой интерес к Германии, ее людям, но прежде всего к ее государственному устройству. Поддерживать этих студентов, ближе знакомить их с Германией и немецкой демократией, а также повышать их профессиональные шансы - вот главная цель Свободного-Российско-Германского института публицистики, созданного на базе факультета журналистики Московского Государственного Университета им. М.В.Ломоносова. Уже сейчас студенты СвРГИП, работающие в области социальной коммуникации, представляют интерес для немецких фирм и учреждений, поскольку параллельно с обучением работают журналистами в важнейших российских СМИ и российскими корреспондентами в московских бюро немецких СМИ. Молодые немецкие журналисты вместе со своими российскими коллегами - прежде всего на основе личных контактов - могут ближе познакомиться со спецификой России.

СОЗДАНИЕ СвРГИП

21 апреля 1993 г. факультет журналистики Московского государственного универститета им. М.В.Ломоносова в лице декана профессора Я. Н. Засурского, и Институт развития СМИ и коммуникаций при "Франкфуртер Альгемайне Цайтунг" (ИМК) во Франкфурте-на-Майне в лице исполнительного директора Дитриха Ратцке подписали протокол о намерении о поэтапном создании Свободного Российского-Германского Института публицистики (СвРГИП). Официальное торжественное открытие СвРГИП состоялось 18 октября 1994 года. Посол Федеративной Республики Германия в

России вместе с деканом факультета журналистики профессором Я.Н.Засурским перерезали ленточку, открыв двери СвРГИП. Институт освятил наместник Свято-Данилова монастыря.

УСТАВ, местнонахождение

Согласно Уставу СвРГИП является независимым, не связанным ни с какими политическими партиями, некоммерческим учебным и научным заведением и частью МГУ им.М.В.Ломоносова. Он находится на факультете журналистики в старом здании Московского университета, напротив Кремля.

ЗАДАЧИ

Задачи СвРГИП:

- подготовка и переподготовка квалифицированных журналистов для российских и европейских средств массовой информации;
- подготовка и переподготвка специалистов в области рыночной экономики, ПР (работа с общественностью), редакционного менеджмента, маркетинга и рекламы;
- подготовка и переподготовка журналистов, которые пишут о Германии в российских СМИ и специализируются на германской проблематике;
- интеграция российского журналистского образования в европейскую систему;
- деидеологизация журналистского образования;
- углубление российско-германских отношений в различных областях;
- расширение сотрудничества между российскими и немецкими исследователями журналистики и журналистами-практиками;
- оказание учебно-методической помощи факультетам и отделениям журналистики российских университетов, например, в Екатеринбурге (ранее Свердловск), Ростове-на-Дону, Казани, Воронеже и т.д.

Институт организует двусторонний обмен учеными в области СМИ, а также студентами и журналистами из России и Германии. В рамках имеющихся средств институт проводит различные научно-практические мероприятия. В настоящее время (по состоянию на октябрь 1997 г.) в СвРГИП обучается около 150 студентов и вольных слушателей. Благодаря обучению в СвРГИП почти все выпускники факультета журналистики, являвшиеся одновременно студентами института, получили интересную работу в России или стипендии для включенного обучения в Германии или других европейских странах (например, в Австрии). На каждом курсе обучаются около 30 студентов и вольных слушателей.

ВСТУПИТЕЛЬНЫЕ ЭКЗАМЕНЫ

К вступительному тестированию (письменному и устному) допускаются студенты университета, свободно владеющие немецким языком. Правила творческого конкурса, предусмотренные для факультета журналистики МГУ, распространяются и на абитуриентов СвРГИП. Главным критерием конкурса является хорошее знание немецкого языка (обязательное условие приема). Отбор студентов (в форме тестирования) проводит смешанная российско-германская комиссия.

ОБУЧЕНИЕ

Учебная программа составляется на основе учебных планов соответствующих учебных заведений публицистики и/или журналистики немецких университетов. Обучение в СвРГИП ведется преимущественно на немецком языке. Часть занятий ведется на русском языком. Система экзаменов идентична системе в Федеративной Республике Германии. Предусмотрен интегрированный волонтариат. Для граждан Федеративной Республики Германия и Российской Федерации (студентов МГУ) обучение бесплатное. Для абитуриентов из других стран обучение платное – в соответствии с нормами Московского университета. Точно также как в Германии из имеющихся мест максимум 6% может быть предоставлено иностранным гражданам и лицам без гражданства (не более 3 мест).

СРЕДСТВА

Необходимые средства для СвРГИП поступают как спонсорские взносы и субсидии от различных фондов и других учреждений.

НАУЧНЫЙ СОВЕТ

В Научный Совет, который формируется на паритетной основе из российских и немецких ученых в области СМИ, входят с немецкой стороны: проф. д-р Гюнтер Рагер (институт журналистики Дортмундского университета) и профессор д-р Юрген Вильке (институт публицистики, Майнц); с российской стороны входили: проф. д-р Е. Кожокин, академик В.А.Садовничий - ректор МГУ им.Ломоносова, проф. д-р Ясен Засурский - декан факультета журналистики и проф. д-р Н. М. Шмелев.

ПОПЕЧИТЕЛЬСКИЙ СОВЕТ

Перевод с немецкого языка: Т.Доценко
Uebersetzung aus dem Deutschen ins Russische:
Tatjana Dotsenko

Erstes FRDIP- Symposium

Neue Technologien und die Entwicklung der Medien in Deutschland und Rußland

Teilnehmerliste

I. Russische Teilnehmer

1. Frau Jekaterina Alijewa, Präsidentin der Werbeagentur "Leon", Fax: 095-214 37 06
2. Dr. Wjatscheslav Anikejev, Dozent an der Fakultät für Journalistik der Lomonossow-Universität Moskau
3. Univ.-Doz. Dr. Marina Alexejewa, Lehrstuhlleiterin an der Fakultät für Journalistik der Lomonossow-Universität Moskau
4. Herr Andrej Andrejev, Student der Fakultät für Journalistik der Lomonossow-Universität Moskau
5. Univ.-Doz. Dr. Tatjana Andrjustschenko, Deutschlehrerin an der Fakultät für Journalistik der Lomonossow-Universität Moskau
6. Prof. Dr. Oleg Arakeljan, Akademie für Volkswirtschaft bei der RF-Regierung, Stiftung für Management-Unterstützung, Fax: 095-433 25 79
7. Univ.-Doz. Dr. Inna Archipowa, Lehrstuhlleiterin für Deutsche Sprache an der Lomonossow-Universität Moskau
8. Frau Natalija Awdykowitsch, Deutschlehrerin an der Fakultät für Journalistik der Lomonossow-Universität Moskau
9. Prof. Dr. Wladimir Artjomov, MGIMO - Hochschule für Internationale Beziehungen, Lehrstuhlleiter
10. Dr. Wladislaw Belov, Europa-Institut bei der Akademie der Wissenschaften Rußlands
11. Prof. Dr. Nikolaj Bogomolov, - Lehrstuhlleiter für literarische Kritik an der Fakultät für Journalistik, Lomonossov Universität Moskau
12. Dr. Ljudmila Bolotova, Oberassistentin, Lehrstuhl für Hörfunk, Fakultät für Journalistik, Lomonossov-Universitaet Moskau
13. Univ.-Prof. Dr. Borosnjak, Staatliche Universität Lipezk
14. Herr Igor Bratschikov, Aussenministerium, Stellv. Direktor des Departamentes für Europa, Fax: 095-244 14 80

15. Prof. Dr. A. Borissov, Prorektor von MGIMO - Hochschule für Internationale Beziehungen
16. Dr. Bussygina, Irina, Europa-Institut bei der Akademie der Wissenschaften Rußlands, Fax: 095-336 88 29
17. Dr. Olga Chmeljuk, Deutschlehrerin an der Lomonossow-Universität Moskau, Juristische Fakultät
18. Dr. Gasdjuk, N.W., MGIMO - Hochschule für Internationale Beziehungen
19. Prof. Dr. Golowanov, Manager-Akademie bei dem Präsidenten der RF, Lehrstuhl für Informationspolitik
20. Herr Pawel Gutiontov, Journalisten-Verband Rußlands Moskau
21. Prof. Dr. Boriel Golowko, Internationale Akademie für Kommunikationen, Vizepräsident
22. Univ.-Doz. Dr. Stanislav Galkin, Stellv. Dekan der Fakultät für Journalistik für die wissenschaftliche Arbeit, Lomonossow-Universität Moskau
23. Prof. Dr. Wladimir Gorochov, Lehrstuhlleiter für Werbung und Öffentlichkeitsarbeit an der Fakultät für Journalistik, Lomonossov-Universität Moskau
24. Dr. Marina Dzjaloschinskaja, Institut für Kommunikationsforschungen, Stellv. Direktorin, Moskau
25. Dr. Josef Dzjaloschinskiy, Leiter der Stiftung für Gesetzlichkeit *„Komission für die Freiheit der Informationenquellen"*
26. Prof. Dr. Dmitrij Dobrowolskij, Leiter des Lehrstuhles, Fakultät für Fremdsprachen, Lomonossov-Universität Moskau
27. Prof. Dr. Drabkin, Jakow, Institut für Geschichte bei der Akademie der Wissenschaften Rußlands, Deutschland-Experte, Fax: 095 - 938 22 88
28. Dr. Natalija Jewsejewa, Fakultät für Journalistik, Lomonossov-Universität Moskau
29. Prof. Dr. Boris Jessin, Lehrstuhlleiter für Geschichte der russischen Medien und Literatur an der Fakultät für Journalistik, Lomonossov Universität Moskau
30. Herr Boris Hanov, TV, *31 Kanal*, Direktor, Fax: 095-216 88 92
31. Herr I.B. Jakowlev, Fakultät für Journalistik, Lomonossov-Universität Moskau
32. Dr. N.N. Jakubowa, Oberlektorin an der philosophischen Fakultät
33. Doz. Dr. Tatjana Judina, Fakultät für Fremdsprachen, Lomonossov-Universität Moskau und DAAD-Vertretung

34. Dr. Jerjomin, I., Gerichtskammer für Informationsstreitigkeiten bei dem Präsidenten der RF, Fax: 095-206 88 44
35. Dr. Oleg Jermakow, Russisches Zentrum für internationale wissenschaftliche und kulturelle Zusammenarbeit bei der Regierung Rußlands, Fax: 095- 203 70 15
36. Prof. Dr. M. W Iljin, MGIMO, Fax: 095 - 434 90 66
37. Univ.-Doz. Dr. Asat Ibragimov, Fakultät für Journalistik, Lomonossov-Universität Moskau
38. Herr Jurij Kasakov, Stiftung *Glasnost*, Fax: 095 - 472 7886
39. Doz. Dr. Galina Karapetjan, Deutschlehrerin, Institut für Asien und Afrika, Lomonossow-Universität Moskau
40. Prof. Dr. Jewgenij Koshokin, Russisches Institut für strategische Forschungen, Direktor, Fax: 095 - 454 92 65
41. Herr Koltschin, Alexander, Vizepraesident von *mobile TeleCom*, Moskau, Fax: 095-961 33 21
42. Univ.-Prof. Dr. Eugenij Kornilov, Dekan der Fakultät für Journalistik und Philologie an der Staatliche Universität Rostow am Don
43. Frau Dr. Eugenija Kornilowa, Wissenschaftlerin an der Fakultät für Journalistik und Philologie an der Staatliche Universität Rostow am Don
44. Frau Dr. Jelena Kornilowa, Dozentin an der Fakultaet fuer Journalistik der Lomonossow-Universitaet Moskau
45. Herr Alexander Kossjakov, Repraesentant der deutsch - russischen Firma in Moskau
46. Frau Maria Kriwych, *Siemens*-Vertretung in Moskau, Fax: 958 1381
47. Univ.-Prof. Dr. Iwan Kusnezov, Lehrstuhlleiter für Geschichte der vaterländischen Medien an der Fakultät für Journalistik, Lomonossov Universität Moskau
48. Univ.- Doz. Dr. Georgij Kusnezov, Lehrstuhlleiter für Rundfunk an der Fakultät für Journalistik, Lomonossov Universität Moskau
49. Dr. Wassilij Kuznezov, Goethe - Institut Moskau, Fax: 095- 936 22 32
50. Dr. Tatjana Kriwzowa, Deutschlehrerin an der Fakultät für Wirtschaft, Lomonossov Universität Moskau
51. Dr. Jewgenij Kruglov, Wissenschaftliche Mitarbeiter an der Fakultät für Journalistik, Lomonossov Universität Moskau
52. Prof. Dr. Alexander Kurennoj, Dekan der Fakultät für Gesetzgebung in der Akademie der Volkswirtschaft bei der Regierung der RF, Fax: 095-433 25 79

53. Herr Stepan Kusmenko Fakultät für Journalistik Lomonossov Universität Moskau, Doktorand, Tel: 095- 203 89 12
54. Univ. - Prof. Dr. Eleonora Lasarewitsch, Lehrstuhlleiterin an der Fakultät für Journalistik, Lomonossov Universität Moskau
55. Univ.-Prof. Dr. Boris Losowskij, Dekan der Fakultät für Journalistik an der Staatlichen Ural-Universität, Jekaterinburg, Fax: 3432-555905
56. Univ.-Doz. Dr. Igor Magaj, Stellvertr. Dekan der Fakultät für Journalistik, Lomonossov Universität Moskau
57. Herr Wladimir Markov, Vorsitzender der Geschäftsführung der Agentur *RIA Nowosti*
58. Prof. Dr. Wladimir Maslov, Internationale Unabhängige Universität für Ökologie und Politologie, Fax: 095 - 292 65 11, Box 5806
59. Herr Konstantin Missjautov, Bank *Menatep* - Pressesprecher, Fax: 095 - 925 8318
60. Dr. Natalija Mironenko, Wissenschaftliche Mitarbeiterin an der Fakultät für Journalistik, Lomonossov Universität Moskau
61. Molodkin, Boris, Stellv. des Vorsitzenden, RF *Stimme Rußlands,* Fax: 095 - 233 7567
62. Frau Jelena Mokruschina, Dolmetscherin, Fax:095-436 97 15
63. Dr. Victor Monachov, Gerichtskammer fuer Informationsstreitigkeiten bei dem Präsidenten der RF, Fax: 095-206 88 44
64. Dr. E. Nikiforowa, Deutschlehrerin an der Fakultät für Soziologie der Lomonossow-Universität Moskau
65. Dr. Boris Orlov, *Mühlheimer Initiative,* Fax: 095-243 03 22
66. Dr. Oleg Pawlov, Assoziation *Frieden und Einvernehmen,*
67. Fax: 095-280 02 46
68. Herr Eugenij Popov, Journalistische Stiftung Moskau, Fax: 095-202 76
69. Herr Alexander Posharskij, Büroleiter von *M-2* Wirtschaftsdienstes in Moskau, Fax: 095-921 65 75
70. Univ.-Doz. Dr. Jewgenija Priwalowa, Stellv. Dekan der Fakultät für Journalistik, Lomonossov Universität Moskau
71. Herr Oleg Prudkov, Direktor der *Mühlheimer Initiative*, Fax: 243 03 22
72. Herr W.W. Puschkov, Fakultät für Journalistik, Lomonossow-Universitaet Moskau
73. Dr. Andrej Rasskin, Oberassistent an der Fakultät für Journalistik Lomonossov-Universität Moskau
74. Univ.-Doz. Dr. Stanislaw Roshnowskij, Dozent FRDIP und Akademie der Wissenschaften von Rußland, Fax: 095-203 26 43

75. Dr. Sergej Romaschko, Dozent FRDIP und Akademie der Wissenschaften von Rußland, Fax: 095-203 2643
76. Dr. Andrej Richter, Fakultät für Journalistik Lomonossov-Universität Moskau, Direktor des Amerikanischen Zentrums für Medienrecht
77. Univ.-Prof. Dr. Andrej Sagorskij, MGIMO-Prorektor, Fax 09543490 66
78. Univ.-Prof. Dr. Jassen Sassurskij, Dekan der Fakultät für Journalistik, Lomonossov-Universität Moskau, Tel.: 095-203 66 41, Fax: 203 28 89
79. Dr. Alexander Sacharov, Stiftung für die Entwicklung des Parlamentarismus in Rußland, Fax: 095-202 79 63
80. Herr Michail Simin, Werbeagentur *Leon*, Generalldirektor, Fax: 095 - 214 37 06
81. Dr. Lidia Semljanowa, Fakultät für Journalistik, Lomonossov-Universität Moskau
82. Frau Galina Sjubenko, FRDIP, Tel.- Fax: 095-203 26 43
83. Dr. W.N. Sidorenko, Lomonossov-Universität Moskau, Fakultät für Wirtschaft, Fax: 095-938 00 69
84. Prof. Dr. W.B. Swetosarov, Akademie der Wissenschaften, Fax: 095-202 23 07
85. Frau Maria Simonowa, Stiftung *Glasnost*, Fax: 095-201 49 47
86. Doz. Dr. Alexandra Stepanenko, Deutschlehrerin an der Fakultät für Journalistik der Lomonossov-Universität Moskau
87. Dr. Strokatsch, A.A., MGIMO, Fax: 095-434 93 81
88. Herr Michail Surov, Volksdeputierte, Volksversammlung Wologda, Fax: 095-8172 72 57 80
89. Univ.-Doz. Dr. Ljudmila Scharontschikowa, Französische College an der Fakultät für Journalistik der Lomonossov-Universität Moskau
90. Dr. Schejniss, W.L., Staatsduma. Volksdeputierte, Fax: 095-292 96 83
91. Prof. Dr. Marina Schischkina, Dekan der Fakultät für Journalistik, Staatliche Universität Sankt-Petersburg, Fax:812-218 31 84
92. Dr. Schkljajev, Alexander, Staatliche Universität Udmurtien, Fakultaet für Philologie und Journalistik, Tel.: 75 55 40
93. Prof. Dr. Schkondin, Michail, Leiter des Lehrstuhles an der Fakultät für Journalistik der Lomonossow-Universität Moskau
94. Univ.-Prof. Dr. Swetlana Ter-Minassowa, Dekan der Fakultät für Fremdsprachen, International-College, Lomonossov-Universität Moskau
95. Frau Anna Titowa, Präsident der Korporation *„Stil des Lebens"*, Fax: 095-252 71 44 bzw. 252 74 24
96. Dr. Natalija Tichonowa, Russisches Unabhängiges Institut für soziale

und nationale Probleme, Fax: 095-187 89 22

97. Frau Alina Trofimowa, Pressesprecherin bei der Firma *mobile TeleCom*, Moskau, Fax: 095-961 33 21
98. Frau Lidija Tytschkowa, Staatsduma, Pressereferat, Fax: 095-292 91 46
99. Dr. Inessa Trubizyna, Wissenschaftliche Mitarbeiterin an der Fakultät für Journalistik der Lomonossow-Universität Moskau
100. Herr Alexander Urban, *Gesellschaft Russland-Deutschland*
101. Dr. Igor Tschubajs, Politologe, Publizist
102. Dr. W. Wassiljev, Föderationsrat, Stellvertreter des Leiters der Abteilung für Internationale Beziehungen, Fax: 095- 292 59 67
103. Herr Alexander Wassin, Fakultät für Journalistik
104. Doz. Dr. Elena Wartanova, Fakultät für Journalistik, Leiterin des Russisch-Finnischen Zentrums für Journalistik und Kommunikationen
105. Herr Walerij Woinov, "Druzja Bawarii", Fax: 095-292 65 11
106. Dr. Gugo Wormsbecher, Vorsitzender des Internationalen Verbandes der Russland- Deutschen
107. Prof. Dr. Wladimir Woroshzov, Innenministerium Rußlands
108. Univ.-Doz. Dr. Galina Woronenkowa, Direktorin des Freien Russisch-Deutschen Instituts für Publizistik, Lomonossov-Universität Moskau, Fax: 095-203 26 43
109. Univ.-Doz. Dr. Olga Winokurowa, Fakultät für Fremdsprachen an der Lomonossov-Universität Moskau

II. Ausländische Teilnehmer

1. Frau Becker, DAAD-Lektorin , Fax: 095 -139 49 88
2. Dr. Gregor Berghorn, DAAD-Vertreter in Rußland, Fax: 095 -139 49 88
3. Frau Bruenner, Vertretung *Daimler-Benz* Moskau, Fax: 501 926 40 38
4. Dr. Bomsdorf, F., Vertreter der Naumann - Stiftung in Russland
5. Dr. Gerd Bossen, KAS-Vertreter in Rußland, Fax: 095-935 77 79
6. Herr Gembrell, D., Institut *Offene Gesellschaft*, Stellv. Direktor, Fax: 095- 288 95 12
7. Dr. Lorenz Deuringer, Vertreter der Hanns-Seidel-Stiftung in Rußland, Fax: 095 - 202 20 65

8. Herr Reinhold Frickinger, Pressereferat, Deutsche Botschaft Moskau, Fax: 095-938 23 67

9. Herr Martin Hoffmann, Geschäftsführer des Deutsch-Russischen Forums e. V., Bonn
10. Herr Michael Kahn-Ackermann, Goethe-Institut Moskau, Leiter, Fax: 095 - 936 22 32
11. Dr. Walter Kaiser, stellv. Hauptgeschäftsführer des DIHT, Bonn. Fax: 49-0228-104 699
12. Herr Matthias Kleinert, Generalbevollmächtigter der *Daimler Benz* AG, Stuttgart, Fax: 49-0711 179 4545
13. Dr. Meyer-Landrut, Andreas, *Daimler-Benz*, Konzernrepräsentant Moskau, Fax: 007-501 926 40 38
14. Univ.Prof. Dr. Günter Rager, Universitaet Dortmund, Institut für Journalistik, Fax: 49-0231 75 54 131
15. Herr Pfanne, Pressereferat, Deutsche Botschaft Moskau, Fax: 095-938 23 67
16. Prof. Dietrich Ratzke, Deutscher Direktor des FRDIP, Fax in Moskau 095-203 26 43, in Deutschland: 49-06081 98 12 07
17. Dr. Walter Richtberg, Vorsitzender der Geschaeftsfuehrung der *dpa*, Fax: 49-040 41 13 23 05
18. Dr. von Studnitz, Botschafter der Bundesrepublik Deutschland in der Russischen Föderation
19. Dr. Schönherr - DAAD-Lektor
20. Doz. Dr. Irina Tolstik, Staatliche Universität Minsk, Fakultät für Journalistik, Fax: 017-222 83 40
21. Dr. Wolfgang Weidmann, Geschäftsführer der Otto Wolff Industrieberatung und Beteiligungen GmbH, Amerongen-Stiftung, Fax: 0221-9347 7050
22. Univ.Prof. Dr. Jürgen Wilke, Institut für Publizistik Johannes-Gutenberg-Universität, Mainz, Fax: 06131-3942 39

III. Presse

1. Frau S.L. Archangelskaja, „*Sowetnik*“ („*Berater*“), Moskau, ul. Deguninskaja, 1, Haus 3. Tel.: 095- 489 10 78, 489 10 72
2. Herr Andrej Assejev, Hörfunk „*Golos Rossii*“ ("*Stimme Rußlands*"), Tel: 233 60 69

3. Herr Ralf Bartoleit - dpa-Büro Moskau
4. Herr Robert Baag, Rundfunk "*Deutschland*", Fax: 243 64 92
5. Herr Peter Bock, WDR, Fax: 243 60 68
6. A.W. Bojtschenko, „*Tschelowek i zakon*" („*Mensch und Gesetz*"), Tel.: 095 - 299 63 82
7. Herr Jörg Eigendorf, "*Die Zeit*", Tel/Fax: 931 95 28
8. Frau Eigendorf, TV RTL, Fax: 254 88 19
9. Herr Jens Hartmann, Springer-Verlag-Büro Moskau
10. Frau N.Gontuar, Informationsagentur „*Globus*", Tel.: 095-299 63 82
11. Herr E. Gujer, *Neue Züricher Zeitung*
12. Herr Alexander Egorov - Interfax
13. Herr Nikolaj Jolkin, *Stimme Russlands*, Deutsche Redaktion, Tel.: 095-950 67 50, 950 77 75
14. Herr Alexander Erastov, Tageszeitung "Trud" ("Die Arbeit"), Fax: 095-200 05 23
15. Herr Juri Igrinjov, *Stimme Russlands*, Deutsche Redaktion, Tel.: 095 - 950 67 50, 950 77 75
16. Herr A.Karabasch, *Tageszeitung „Moskowskaja Prawda" („Moskauer Wahrheit*"), Tel.: 095-378 51 27
17. Herr Wladimir Lapski, „*Rossijskaja Gazetta*"
18. Herr Gisbert Mrosek, *Fokus*
19. Neubert, M., "*Süddeutsche Zeitung*", Fax: 956 20 43
20. Herr Sergej Rjabikin, *RIA „Nowosti*"
21. Herr Eugenij Russawski - TV RTRK
22. Herr Juri Sajnaschev, Tageszeitung „MK- *Moskowskij Komsomolez*" („MK - *Moskauer Komsomolze*"), Tel.-Fax: 095-203 26 43
23. Frau Ekaterina Schijanowa, TV MTK - Zentr, Moskau
24. Herr Thumann, M., "*Die Zeit*"
25. Herr Alexej Turbin, TV-Zentr, Fax: 288 95 50
26. Herr N.Tschartorishskij, Tageszeitung „*Moskowskaja Prawda*" („*Moskauer Wahrheit*"), Tel.: 095-232 00 00
27. Frau Helene Woronenkowa, Wochezeitung "*Stil shizni*" („*Lebensstyl*"), Moskau, Ul. Sadowo-Kudrinskaja, 11, Tel: 252 37 31; 252 74 24
28. Dr. Michail Woronenkov, RIA "*Nowosti*", Tel. u. Fax: 095- 201 29 05
29. Dr. Zinner, M., "*Handelsblatt*", Moskauer Büro

<u>Список участников международной конференции “Новые технологии и развитие СМИ в России и в Германии”.</u>

<u>I. Российские участники</u>

1. Алиева Е.В., генеральный директор, рекламная компания “Леон”, факс: 095 - 214 37 06
2. Доц. д-р Алексеева М.И., зав.кафедрой РИО ф-та журналистики МГУ
3. Доц. д-р Аникеев В.Е., доцент факультета журналистики МГУ
4. Андреев Андрей - студент факультета журналистики МГУ
5. Доц. д-р Андрющенко Т.Я., старший преподаватель немецкого языка на факультете журналистики МГУ
6. Авдыкович Н.А., преподаватель немецкого языка, факультет журналистики МГУ
7. Проф. Д-р Аракелян О. А., заместитель директора фонда поддержки менеджмента, Академия народного хозяйства при правительстве РФ, факс: 095/ 433 25 79
8. Проф. д-р Артемов В. Л., зав. кафедрой международной журналистики МГИМО, факс: 095-434-93-81
9. Доц. д-р Архипова И.А., зав. кафедрой немецкого языка гуманитарных факультетов МГУ
10. Д-р Белов В.Б., институт Европы АН РФ.
11. Проф. д-р Богомолов Н.А., зав. кафедрой литературной критики факультета журналистики МГУ
12. Проф. д-р Н.И. Борозняк, Липецкий госуниверситет
13. Братчиков И.Б. - зам.директора департамента Европы МИД РФ, факс: 095/244 14 80
14. Д-р Болотова Л.Д. ст.преподаватель факультета журналистики МГУ
15. Проф. д-р Борисов А.Ю., проректор МГИМО
16. Д-р Бусыгина И.М., Институт Европы РАН, Моховая, стр.8-3в, факс: 095/336 88 29
17. Доц. д-р Вартанова Е.Л., факультет журналистики МГУ, директор Российско-финского центра журналистики и коммуникаций
18. Д-р Васильев В.И., Совет Федерации, Управление международных связей, факс: 095/ 292 59 67
19. Васин А.В. - ф-т журналистики МГУ

20. Доц. д-р Винокурова О.К., зам. декана ф-та иностранных языков МГУ
21. Воинов В.П., президент интерклуба “Друзья Баварии”, факс: 095/ 292 65 11
22. Д-р Вормсбехер Г.Г., Международный союз российских немцев, председатель
23. Д-р Ворожцов В.П., МВД России
24. Доц. д-р Вороненкова Г.Ф. - директор Свободного Российско-Германского института публицистики (с российской стороны), факс: 095/ 203 26 43
25. Д-р Газдюк Н.В., МГИМО
26. Проф. д-р Голованов Л.В., зам. зав. кафедрой информационной политики журналистики Академии управления при Президенте РФ.
27. Проф. д-р Головко Б.Н. - вице-президент Международной Академии информатизации
28. Доц. д-р Галкин С.И., зам. декана факультета журналистики МГУ по научной работе
29. Проф. д-р Горохов В.М., зав. кафедрой рекламы факультета журналистики МГУ
30. Гутионтов П.С., Союз журналистов России
31. Д-р Дзялошинская М.И., зам. директора Института гуманитарных коммуникаций
32. Д-р Дзялошинский И.М., руководитель Правозащитного фонда “Комиссия по свободе доступа к информации”
33. Проф. д-р Добровольский Д.О., МГУ, факультет иностранных языков, зав кафедрой, РАН, институт русского языка, Волхонка, 18/2, факс: 095/ 291 23 17
34. Проф. д-р Драбкин Я. С., Институт истории АН РФ. Факс: 095/ 938 22 88
35. Д-р Евсеева Н.П. - факультет журналистики МГУ
36. Еремин И.Ю., Судебная палата по информационным спорам при Президенте РФ, Ильинка, 10, факс: 095/ 206 88 44
37. Д-р Ермаков О.А., Центр международной научной и культурной работы при Правительстве России
38. Проф. д-р Есин Б.И., зав. кафедрой истории русской журналистики факультета журналистики МГУ
39. Проф. д-р Загорский А.В., проректор МГИМО, Проспект Вернадского, 76

40. Проф. д-р Засурский Я.Н., декан ф-та журналистики МГУ, тел. 095/ 2036641
41. Д-р Захаров А.А., Фонд развитии парламентаризма в России, Новый Арбат, 21
42. Проф.д-р Землянова Л.М. - факультет журналистики МГУ
43. Зимин М.М., рекламная компания "Леон", факс: 095/214 37 06
44. Зюбенко Г.В. – СвРГИП, тел./ факс: 095- 203-26 43
45. Проф. д-р Ильин М.В., МГИМО, Проспект Вернадского, 76,
46. Доц.д-р Ибрагимов А.Х.-Г. ф-т журналистики МГУ
47. Казаков Ю.В., Фонд Защиты гласности, Зубовский бульвар, 4, факс: 095/ 472 78 86
48. Доц. д-р Карапетян Г.К., ИСАА МГУ
49. Проф. д-р Кожокин Е.М., директор Российского Института стратегических исследований, факс: 095/ 454 92 65
50. Колчин А.А, вице-президент "Мобил-ТелеКом", факс: 095/ 961 33 21
51. Проф. д-р Корнилов Е.А., декан факультета филологии и журналистики Ростовского государственного университета, Ростов на Дону, ул. Пушкинская, 150
52. Доц. д-р Корнилова Е.Н., факультет журналистики МГУ
53. Д-р Корнилова Е.Е., факультет филологии и журналистики Ростовского государственного университета, Ростов на Дону, ул. Пушкинская, 150
54. Косяков А.В. - представитель Российско-германской фирмы, факс: 095/ 237 87 34
55. Д-р Кривцова Т.Ф., старший преподаватель экономического факультета МГУ
56. Кривых М.А., представительство АО "Siemens", факс: 095/ 958 13 81
57. Д-р Круглов Е.В. старший научный сотрудник факультета журналистики МГУ
58. Проф. д-р Кузнецов И.В. - зав.кафедрой истории отечественной журналистики ф-та журналистики МГУ
59. Доц.д-р Кузнецов Г.В. - зав. кафедрой телевидения и радиовещания факультета журналистики МГУ
60. Д-р Кузнецов В.Н., Немецкий культурный центр имени Гете, факс: 095/936 22 32

61. Проф. д-р Куренной А.М., декан Академии народного хозяйства, факс: 095/ 433 25 79
62. Кузьменко С.Н. - аспирант ф-та журналистики МГУ
63. Проф., д-р Лозовский Б.Н., декан факультета журналистики УрГУ, факс: 8-3432-555905
64. Проф. д-р Лазаревич Э.А., зав. кафедрой факультета журналистики МГУ
65. Доц. д-р Магай И.П., зам. декана факультета журналистики МГУ по спецотделению
66. Марков В.Н., председатель правления РИА "Новости"
67. Проф. д-р Маслов В.И., Международный Независимый университет экологии и политологии , факс: 095/ 292 65 11 , бокс 5806
68. Мисяутов К.Н., пресс-центр банка "Менатеп", факс: 095/925 83 18
69. Д-р Мироненко Н.Н. - старший научный сотрудник факультета журналистики МГУ
70. Молодкин Б.Г., зам. председателя радио "Голос России", факс: 095/ 233 7567
71. Мокрушина Е. И, переводчик, факс : 095/ 436-97-15
72. Д-р Монахов В.Н., Судебная палата по информационным спорам при президенте РФ, факс: 095/ 206 88 44
73. Д-р Никифорова Е.А., старший преподаватель социологического факультета МГУ
74. Д-р Орлов Б.С., "Мюльхаймская инициатива"
75. Д-р Павлов О.Э. зам. президента Ассоциации "Мир и согласие", факс: 095/280 02 45
76. Попов Е.Н., Журналистский фонд Москвы, факс: 095/ 202 7681
77. Пожарский А.М., руководитель Московского бюро агентства экономических новостей "М-2" ФРГ, факс: 095/ 921 65 75
78. Доц. д-р Привалова Е.А., зам. декана по работе с иностранными учащимися, факультет журналистики МГУ
79. Прудков О.Н., директор "Мюльхаймской инициативы", Москва, факс: 095/ 243 0322
80. Пушков В.В. факультет журналистики МГУ
81. Д-р Раскин А.В., ст. преподаватель факультета журналистики МГУ
82. Д-р Рихтер А.Г., ф-т журналистики МГУ, директор центра "Право в СМИ".
83. Доц. д-р Рожновский С.В., доцент СвРГИП, факс: 095/ 203 26 43
84. Д-р Ромашко С.А. , доцент СвРГИП, факс: 095/ 203 26 43

85. Симонова М.К. - фонд Защиты гласности, г.Москва
86. Д-р Сидоренко В.Н., экономический факультет МГУ им. М.В.Ломоносова, факс: 095/ 938 00 69
87. Проф. Светозаров В.Б., факс 095/ 202 23 07
88. Доц. д-р Степаненко А.А., кафедра немецкого языка МГУ
89. Д-р Строкач А.А., МГИМО, Факс: 095/ 434 93 81
90. Суров М.В., законадательное собрание Вологодской обл ф.:8-8172-725780
91. Проф. д-р Тер-Минасова С.Г., декан факультета иностранных языков и директор международного колледжа МГУ имени М.В.Ломоносова
92. Титова А.Ю., президент корпорации "Стиль жизни", ул. Садово-Кудринская, 11 д, тел.:095/ 252 71 44/ 252 74 24
93. Д-р Тихонова Н.Е., Российский независимый институт социальных и национальных проблем, факс: 095/ 187 89 22
94. Трофимова А., пресс-атташе "Мобил-Телеком", факс: 095/ 961 33 21
95. Д-р Трубицына И.В. - факультет журналистики МГУ
96. Тычкова Л.С. пресс-служба ГосДумы, факс: 095/ 292-91 -46
97. Урбан А.А. - общество "Россия-Германия".
98. Ханов Б.В., 31 КАНАЛ, "Телеэкспресс", ул. Ак. Королева, 15, факс: 095/ 216 88 92
99. Д-р Хмелюк О.Н., старший преподаватель юридического ф-та
100. Д-р Чубайс И.Б. - политолог, публицист
101. Проф. д-р Шишкина М.А., декан факультета журналистики Санкт-Петербургского госуниверситета, факс: 812/ 218 31 84
102. Д-р Шкляев А.Г., Удмуртский госуниверситет, филологический факультет, Ижевск. тел. 75-55-40
103. Проф. д-р Шкондин М.В., зав. кафедрой экономической журналистики факультета журналистики МГУ
104. Доц. д-р Шарончикова Л.В. - французский колледж, факультет журналистики МГУ
105. Проф. д-р Шейнис В.Л., Госдума РФ, факс: 095/ 292 96 83
106. Д-р Юдина Т.В., МГУ, факультет иностранных языков, ДААД
107. Яковлев И.Б. факультет журналистики МГУ
108. Д-р Якубова Н.Н., старший преподаватель философского факультета МГУ

П. Иностранные участники конференции

1. Д-р Эрнст Йорг фон Штудниц, Чрезвычайный и Полномочный посол Федеративной Республики Германия в России
2. Д-р Бомсдорф, представитель Фонда им. Фридриха Науманна в России
3. Г-жа Бекер, лектор DAAD, ф.: 095/ 139 4988
4. Д-р Грегор Бергхорн, представитель DAAD в России, ф.: 095/ 139 4988
5. Д-р Герд Д.Боссен, представитель фонда имени Конрада Аденауэра (КАС) в России, факс: 095 - 935 77 79
6. Г-жа Брюннер, представительство А/О Даймлер Бенц в Москве, факс: 007 / 501/ 926 40 38
7. Вольфганг Вейдман, генеральный уполномоченный фонда имени фон Амерингена, г. Бонн
8. Проф. д-р Юрген Вильке, Институт публицистики Майнцкого университета имени Йоханнеса Гутенберга
9. Гэмбрелл Д., заместитель директора Института "Открытое общество", факс: 095/ 288 95 12
10. Д-р Лоренц Дойрингер, Представитель фонда Ханса Зайделя (Мюнхен) в России, факс 095 / 202 20 65
11. Д-р Вальтер Кайзер, Исполнительный директор Немецкой торгово-промышленной палаты, г.Бонн
12. Михаэль Кан-Аккерманн, Директор института имени Гете в Москве, факс: 095/ 936 22 32
13. Маттиас Кляйнерт, генеральный уполномоченный А/О Daimler Benz, г.Штутгарт
14. Д-р Андреас Майер-Ландрут, представитель А/О Даймлер Бенц в Москве, председатель Германо-Российского форума (г.Бонн)
15. Томас Пфанне - зам. пресс-атташе Посольства Германии в России
16. Проф. д-р Гюнтер Рагер, Институт журналистики Дортмундского университета, факс: 49/ 0231-75 54 131
17. Проф. Дитрих Ратцке, директор СвРГИП (с немецкой стороны), факс в Москве: 095/203 26 43, в Германии : 49/ 06081 - 9812 07
18. Д-р Вальтер Рихтберг, председатель правления DPA, факс: 49/ 040-4113 2305
19. Д-р Толстик И.А., Белорусский Госуниверситет, доцент ф-та журналистики, тел. (017) 2228340

20. Райнхольд Фрикингер, Посольство Федеративной Республики Германии в России, пресс - атташе, факс: 095/ 938 23 67
21. Мартин Хоффманн, управляющий делами Германо-Российского форума (г. Бонн)
22. Д-р Шёнхерр - лектор ДААД, Москва

III. Пресса

1. С.Л.Архангельская , „Советник“, ул. Дегунинская, 1, стр.3, тел.: 095/ 489-10 78, 489 - 10 72.
2. Йорг Айгендорф, бюро газеты “Ди цайт”, факс: 7-502-221 99 28.
3. Карин Айгендорф - студия РТЛ в Москве.
4. Ральф Бартолайт - бюро ДПА в Москве.
5. Бойченко А.В. „Человек и закон“, тел.: 095/ 299 63 82
6. Асеев Андрей, РВ на зарубежные страны, тел.: 095-233 60 69
7. Бааг Роберт, радио “Deutschland“
8. Бок Петер Й., студия WDR, Москва
9. Д-р Вороненков Михаил - РИА “Новости”, „Дипломатические новости России“, тел. - факс: 095/201 29 05
10. Вороненкова Елена, газета “Стиль жизни”, Садово-Кудринская, 11, тел.: 095/ 252 37 31/ 252 74 24
11. Гуйер Э., газета “Neue Züricher Zeitung”
12. Гонтуар Н. , информационное агентство „Глобус“, тел.: 095/ 299 63 82
13. Егоров Александр - “Интерфакс”
14. Елкин Николай - “Голос России”, немецкая редакция , тел.:095/ 950 - 67 50, 950 77 75
15. Ерастов А., газета “Труд”, факс: 095/ 200 05 23
16. Зайнашев Юрий, „МК“, тел. - факс : 095/ 203 26 43
17. Игринев Юрий - “Голос России”, немецкая редакция , тел.: 095/ 950 - 67 50, 950 77 75
18. Карабаш А., „Московская правда“, тел.: 095/ 378 51 27
19. Лапский Владимир,”Российская газета”.
20. Мрозек Гизберт - журнальное издательство “Фокус”, факс: 095/ 935 8016
21. Нойберт М., газета “Süddeutsche Zeitung”, факс: 095/ 956 2043
22. Рябикин Сергей - РИА „Новости“, тел., факс: 095/ 201 29 05
23. Русавский Евгений - ТВ РТРК
24. Туманн М., газета “Die Zeit”

25. Турбин Алексей, ТВ ЦЕНТР, Москва, факс: 095/288 9550
26. Хартманн Й., зарубежное бюро издательского дома А.Шпрингера, факс: 095/240 6263
27. Д-р Цинер М., газета "Handelsblatt"
28. Чарторижский Н., „Московская правда", Тел.: 095/ 233 00 00, абон. 8991
29. Шиянова Екатерина - МТК , Москва

Diplomarbeiten der FRDIP-Studenten an der Fakultät für Journalistik der Lomonossow-Universität Moskau (1994-1998)

1994

1. Ganina, Tatjana. Ökonomische Grundlagen der deutschen Printmedien (am Beispiel der *Frankfurter Allgemeine Zeitung*). **Note: ausgezeichnet**
2. Missjautov, Konstantin. Kulturteil in der *Frankfurter Allgemeine Zeitung*. **Note: ausgezeichnet**
3. Mokin, Daniil. Politische Parteien und Medien in Deutschland. **Note: ausgezeichnet**
4. Parskov, Gennadij. Öffentlich-rechtliche Rundfunk in Deutschland. Medienrechtliche Aspekte. **Note: ausgezeichnet**
5. Russawski, Eugenij. Private Rundfunk in Deutschland. Medienrechtliche Aspekte. **Note: ausgezeichnet**
6. Simin, Michail. Werbung in den deutschen Medien. Allgemeine Aspekte. **Note: ausgezeichnet**
7. Schewtschuk, Irina. Die *Frankfurter Allgemeine Zeitung* als Typ der überregionalen deutschen Tageszeitung. **Note: ausgezeichnet**
8. Tumolskaja, Helene. *Heilbronner Stimme* als Typ der regionalen deutschen Tageszeitung. **Note: ausgezeichnet**
9. Tschubarov, Dmitrij. Regionale Presse in Deutschland. Typologie, Struktur und Spezifik. **Note: ausgezeichnet**

1995

Keine FRDIP-Studenten. Nur Studenten der Fakultät für Journalistik.

1996

1. Egorov, Alexander. Rußländische und deutsche Nachrichtenagenturen am Markt der wirtschaftlichen Informationen in der Bundesrepublik (am Beispiel der INTERFAX und INTERFAX-Deutschland). **Note: ausgezeichnet**
2. Lyssenko, Artjom. Übersetzung des Buches: Fröhlich T. u.a. *Der Wirtschaftsteil der Zeitung richtig gelesen und genutzt. Hintergründe - Zu-*

sammenhänge - Grundwissen. Originalausgabe München: Wilhelm Heine Verlag, 1994. **Note: ausgezeichnet**

3. Neljubin, Maxim. Öffentlichkeitsarbeit und Presseabteilung in der deutschen Firmen (am Beispiel des Konzern *Volkswagen*). **Note: ausgezeichnet**
4. Panjukowa, Helene. Kirchenseite in den deutschen und russischen Zeitungen. Vergleichanalyse der Weinnachts-Zeitungen. **Note: ausgezeichnet**
5. Posdnjakowa, Maria. *Stuttgarter Zeitung* als Typ der regionalen deutschen Tageszeitung. **Note: ausgezeichnet**
6. Privalov, Kirill. Übersetzung des Buches: Günter Rager und S. Schäfer - Dieterle. Redaktionelles Marketing. - ZV Service GmbH, 1994. **Note: ausgezeichnet**

1997

1. Doschina, Helene. Deutscher Presserat: Geschichte, Struktur, Tätigkeit. **Note: ausgezeichnet**
2. Dontschenko, Inessa. Werbung im privaten und öffentlich-rechtlichen Fernsehen in Deutschland (ZDF). **Note: ausgezeichnet**
3. Kushelkov, Iwan. WDR als Typ der öffentlich-rechtlichen Rundfunkanstalt in Deutschland. Geschichte, Struktur, Programmpolitik, heutige Zustand. **Note: ausgezeichnet**
4. Philippowa, Dina. *Die Zeit* als Typ der überregionalen deutschen Wochenzeitung. **Note: gut**
5. Schachowa, Anna. Nationale Archetypen in den russischen und deutschen Zeitungen (am Beispiel der „MK“, „Komsomolskaja Prawda“ und *Die Zeit* und der *Neuen Deutschland.*) **Note: ausgezeichnet**

1998

1. Diordijewa, Swetlana. *General-Anzeiger* als Typ der deutschen Tageszeitung : Geschichte, Entwicklung, Heutiger Zustand und Perspektiven. **Note: ausgezeichnet**
2. Jurin, Wjatscheslaw. Globales Fernseheimperium von Leo Kirsch. **Note: ausgezeichnet**
3. Krassnow, Andrej. Öffentlichkeitsarbeit und Presseabteilung in den internationalen Unternehmen (am Beispiel ABB). **Note: ausgezeichnet**

4. Maximow, Boris. Russlandbild bei der Zeitschrift *Spiegel.* **Note: ausgezeichnet**
5. Pogorelyj, Juri. DPA: Entstehung, Entwicklung, Inhaltliche Aspekte. **Note: ausgezeichnet**
6. Terestschenkowa, Jelena. System der öffentlich-rechtlichen Hörfunks in Deutschland. **Note: ausgezeichnet**
7. Tschetschko, Natalija. Russlandbild bei den Printmedien der Verlagsgruppe *Gruner und Jahr.* **Note: ausgezeichnet**

Wiss. Betreuerin bei allen Studenten: Univ.-Doz. Dr. Galina Woronenkowa.

Темы дипломных работ студентов СвРГИП, защитившихся в 1994-1998 гг. на кафедре зарубежной печати и литературы факультета журналистики МГУ имени М.В.Ломоносова

1994

1. **Ганина Т.Г.** Экономические основы функционирования «Франкфуртер Альгемайне Цайтунг». - **Оценка: отлично**
2. **Зимин М.М.** Реклама в средствах массовой информации ФРГ. - **Оценка: отлично**
3. **Мисяутов К.Н**. Тема культуры в газете "Франкфуртер Альгемайне Цайтунг". - **Оценка: отлично**
4. **Мокин Д.В.** Политические партии и средства массовой информации Федеративной Республики Германия. - **Оценка: отлично**
5. **Парсков Г.** Общественно-правовое телевидение в Германии. Правовые основы. **Оценка: отлично**
6. **Русавский Е.Г.** Частное телевидение в Германии. Правовые аспекты. - **Оценка: отлично**
7. **Тумольская Е.** Газета "Хайльброннер штимме" как тип региональной печати Германии. - **Оценка: отлично**
8. **Чубаров Д.** Региональная пресса ФРГ. Особенности функционирования. - **Оценка: отлично**
9. **Шевчук И.** Газета «Франкфуртер альгемайне цайтунг» как тип издания. **Оценка: отлично**

1995

Защищались только студенты факультета, а не СвРГИП.

1996

1. **Егоров А**. Германские и российские информационные агентства на рынке экономической информации ФРГ (на примере агнетств "Интерфакс" и "Интерфакс Дойчланд". **- Оценка: отлично**
2. **Лысенко А. В.** Перевод книги "Экономический отдел в газете". - **Оценка: отлично**
3. **Нелюбин М.И.** Организация работы с прессой в службе по связям с общественностью концерна "Фольксваген", Германия. - **Оценка: отлично**
4. **Панюкова Е.Н**. Образ религии в средствах массовой информации России и Германии (по материалам рождественских газет). - **Оценка: отлично**
5. **Позднякова М.** Газета "Штуттгартер Цайтунг " как тип издания. **Оценка: отлично**
6. **Привалов К.** Перевод книги Г.Рагера. С.Шефер-Дитерле. Б.Вебера "Редакционный маркетинг.Как газеты осваивают будущее". - **Оценка: отлично**

1997

1. **Дожина Е.А**. Немецкий Совет Прессы - орган самоконтроля печатных средств массовой информации. - **Оценка: отлично**
2. **Донченко И.В.**+ Реклама на частном и общественно-правовом телевидении в Германии. - **Оценка: отлично. Погибла через месяц после защиты диплома.**
3. **Кужельков И.И**. *Вестдойчер Рундфунк* как тип общественно-правового телевидения ФРГ. - **Оценка: отлично**
4. **Филиппова Д**. Газета "Ди Цайт" как тип издания. - **Оценка: хорошо**
5. **Шахова А.Б**. Проявление национальных архетипов в российской прессе на примере газет "Московский комсомолец" и "Комсомольская правда" и в немецкой прессе на примере газет "Ди Цайт" и "Нойес Дойчланд". **Оценка: отлично**

1998

1. **Диордиева С.Р**. Газета «Генераль-анцайгер» (Бонн): история, развитие, современное состояние и перспективы. **Оценка: отлично**

2. **Краснов А.В.** Ведомственная коммуникация промышленных концернов (на примере немецкого филиала АББ). **Оценка: отлично**
3. **Максимов Б**. Образ России в журнале «Шпигель». **Оценка: отлично**
4. **Погорелый Ю**. История, структура и содержательные аспекты информационного агентства ДПА. **Оценка: отлично**
5. **Терещенкова Е.А.** Система радиовещания Федеративной Республики Германия. **Оценка: отлично**
6. **Чечко Н.С.** Образ России в средствах массовой информации Германии (На примере издательского концерна «Грунер унд Яр). **Оценка: отлично**
7. **Юрин В.В**. Глобальная телевизионная империя Лео Кирха. **Оценка: отлично**

Научный руководитель у всех названных студентов: доцент, кандидат филологических наук Вороненкова Г.Ф.
Оппоненты: ученые кафедра зарубежной печати и литературы ф-та журналистики МГУ имени М.В.Ломоносова

Das Freie Russisch-Deutsche Institut dankt herzlich für die Unterstützung:

Alexander-Humboldt-Stiftung
Auswärtiges Amt der Bundesrepublik Deutschland
Bundeszentrale für politische Bildung, Bonn
Bundespresseamt
Deutscher Akademischer Austauschdienst (DAAD)
Daimler Benz AG
Deutscher Industie- und Handelstag (DIHT)
Botschaft der Bundesrepublik Deutschland in Rußland
Deutsch-Russisches Forum e.V., Bonn
Deutsche Presse Agentur (dpa), Hamburg
Deutsche Welle, Köln
Hanns-Seidel-Stiftung e.V.
Frankfurter Allgemeine Zeitung GmbH.
Institut für Medienentwicklung und Kommunikation (IMK), Frankfurt/M.
Firma *Mobil TeleCom*, Moskau

Günter Grass, Schriftsteller
Prof. Dr. Roth, München
Prof. Dr. Lamperstorfer, Bad Homburg

Institut für Journalistik der Universität Dortmund
Institut für Journalistik und Kommunikationswissenschaft der Hochschule für Musik und Theater Hannover
Institut für Publizistik der Johannes-Gutenberg-Universität Mainz
Institut für Publizistik der Universität Münster
Konrad-Adenauer-Stiftung
Kreiswerke Hanau GmbH
Lufthansa AG
Linginwest GmbH, Moskau
Nestle/Deutschland AG
Otto Wolff von Amerongen-Stiftung e.V.
Opel AG
Pro Europa e.V. (Berlin-Brandenburg)
RGL "Ingenieurgesellschaft" mbH, Hamburg /Moskau
RIA "*NOWOSTI*", Moskau
Siemens AG
Swjato-Daniloff- Kloster, Moskau \ Moskauer Patriarchie
Societäts Druck, Frankfurt/M
Sparkasse Hildesheim
Universität Hildesheim
Werbeagentur "Leon", Moskau
MUSA MOTORS AG, Moskau